Fränze Krauch / Antje Kunstmann · MÄDCHEN

Krauch · Kunstmann

Mädchen

Das Aufklärungsbuch

Verlag Antje Kunstmann

Wir danken unseren Freundinnen und Freunden, ohne deren Unterstützung in langen Gesprächen dieses Buch nicht so geworden wäre, wie es ist.

Die Geschichten *Filmkuß von Frauke, Michi, Logo lieb ich den, One More Try, Mit fremden Stoffen und natürlichem Fruchtaroma, Four in One* sind von Fränze Krauch.
Das Interview auf S. 132 ff. mit Piwi hat Helma Fehrmann geführt.
Die Geschichte *Andersrum* ist von Katharina Raabe.
Die Geschichte *Das erste Mal* auf S. 70-80 ist dem Buch *Und plötzlich willste mehr* von Helma Fehrmann und Peter Weismann entnommen.
Die Fotos auf S. 32, 33, 66-69 mit Gesche Neyer und Raiko Mitić hat Tai M. Lüdicke gemacht.

Neuausgabe 1991
18. – 21. Tausend

Satz: Fotosatz & Repro Kobler, München
Umschlaggestaltung: Michael Keller, München
Druck & Bindung: G.J. Manz AG, Dillingen
ISBN 3 88897 112 8

FRANZISKA KRAUCH: 1960 in Heidelberg geboren, von Schule zu Schule geflogen, mit 19 Jahren und Gottes Hilfe ~~ohne Abschluß~~ Schulabschluß. Anschließend fast fünf Jahre die meiste Zeit – bis auf kurze Unterbrechungen – schlafend verbracht. Seit März 1985 in Hamburg an der Fachhochschule für Gestaltung.

Ich hab' mir überlegt, wann meine Sexualität (Du kannst dir gar nicht vorstellen, wie ich dieses Wort hasse. Da stört mich das »Sex« gar nicht dran, nur dieses »ualität« ist so widerlich!) überhaupt angefangen hat, vielmehr wie weit ich mich erinnern kann an Momente, die mit der meinigen zu tun haben. Unsere Eltern waren, glaube ich, ziemlich hilflos. Einerseits waren die sich durchaus bewußt, daß auch die allerkleinsten Kids jede Menge Sex in sich haben und daß man da nichts falsch machen darf, aber wie man's richtig macht, wußten die wohl auch nicht so recht. Also haben sie lieber nichts oder wenig getan, als alles falsch – was zum Teil zu entsetzlichen Mißverständnissen geführt hat. Ein einschneidendes Erlebnis war die Aufklärung meines fast vier Jahre älteren Bruders, die auch gleich meine war. Der Vater hatte ihm erzählt, wie's geht und muß das wohl nicht gerade kindgerecht getan haben, denn der Bruder kam mit weitaufgerissenen Augen zu mir, zerrte mich in Mutters Zimmer, schloß die Tür und flüsterte verheißungsvoll: »Soll ich dir mal was sagen?!« Ich ahnte schon, daß es was Schweinisches sein würde. »Weißt du überhaupt, wo die Kinder herkommen?« Klar wußte ich, daß die aus dem Bauch kommen, das hatte mir ja die Mutter erklärt. Aber ich sagte

nein, weil ich's so genau doch nicht wußte. Und er antwortete mir mit zitternder Stimme, ganz leise und ehrfürchtig: »Aus'm Arsch!«
Ich dachte ewig lang, die Babies würden geschissen. Mich quälte die Vorstellung, ein ganzes Kind aus mir rauskacken zu müssen, und ich überlegte, wie wohl meine Mutter gleich fünf Kinder hatte kriegen können. Ich empfand tiefstes Mitleid für sie, der Vater sammelte ratternd unzählbare Minuspunkte. Dann tat ich mir unglaublich leid, und in mir kam zum ersten Mal der Wunsch auf, doch lieber ein Junge, als ein Mädchen zu sein, und ich beschloß, die Entscheidung vom lieben Gott, die mich zum Mädchen hatte werden lassen, so weit als möglich zu unterlaufen, indem ich, wenn es irgendwie möglich sein würde, keine Kinder und damit höchstwahrscheinlich auch keinen Mann haben wollte.
Ich merkte bald, daß da anscheinend kein Weg dran vorbei gehen würde. Die kleine Schwester hatte mit der Bemerkung: »Ich werd' mal 'ne ganz böse Mutter – aber mit 'nem spitzen Busen!« einen derartigen Lacherfolg bei den Erwachsenen, daß mir klar war: selbst die kriegt mal Kinder. Ich mußte den Tatsachen ins Auge blicken, und so wollte ich wissen, wie die Kinder überhaupt in den Bauch reinkommen. Die eigene Mutter schien mir, weil mehrfach betroffen, völlig inkompetent.
Und da mir schon irgendwie klar war, daß die Männer an der ganzen Sauerei maßgeblich beteiligt sind, ging ich zu der Ursache des Übels, zu meinem Vater.
Dem war die Frage sichtlich unangenehm, aber als fortschrittlicher Daddy faßte er sich ein Herz, nahm mich auf meinen Lieblingsplatz, seinen Schoß (!), drückte und schnuckelte mich ganz fest und begann: (O-Ton) »Also, ... wenn zwei sich ganz arg lieb haben, ungefähr so wie die Mutter und ich, dann legen die sich zusammen in ihr Bett. Nackt. Und dann legt sich der Mann, also ich, auf die Frau, also die Mutter, und dann macht der wie Liegestützen auf der und wippt so ein bißchen auf der rum und steckt ihr dabei sein Schwänzchen in die Scheide. Dann ist die Mutter befruchtet und kriegt nach neun Monaten ein Kind.« Ich schwieg erstmal. Das war ja der reinste Horror!

Natürlich stellte ich mir in meiner blühenden Kinderphantasie nicht irgend einen Mann, den ich mal lieben würde, auf mir vor, sondern den, den ich JETZT liebte, den einzigen Mann meines Lebens: meinen Vater. Ich hatte Visionen, mein geliebter Papa würde schwitzend und hechelnd auf mir liegen und wippenderweise sein »Schwänzchen« in mich stecken. Er unterbrach mein Stillschweigen und sagte versöhnlich: »Und so 'ne Süße wie du kommt dann raus.« Aber das tröstete mich gar nicht. Ich wollte einfach verdammt nochmal keine Kinder rausscheißen, auch nicht meinem Vater zuliebe.

ANTJE KUNSTMANN: geboren 1949 in Bad Kissingen. Hat nach einem Pädagogik-Studium den Lehrerberuf nicht angetreten und arbeitet seitdem in einem Verlag. Sie lebt mit ihrem Sohn in München.

»Kannst Du mir mal 13,65 DM leihen?« fragt mich die 15-jährige Antje, meine Nichte. »Wieso denn 13 Mark 65, wieso nicht 14 Mark oder 20,--? Wofür denn überhaupt?« Sie ziert sich. »Du weißt schon ...«, drängelt sie. Ihr Freund steht neben ihr. Ich komm nicht drauf. Man wird ja wohl noch fragen dürfen, wofür man Geld ausspuckt.
Verlegenes Grinsen, bedeutungsvolle Blicke. Auf meinem Gesicht breitet sich ein ähnliches Grinsen aus. »Mensch, ich brauch eben *dreizehnmarkfünfundsechzig*!« Endlich kapiere ich: die Pille! Ich zahle, nicht ohne zu fragen: »Warst du beim Arzt? Bitte geh hin und laß das Rauchen. Rauchen und Pille ist besonders schädlich.«
»Jajaja.«
Als ich ins Auto steige und nach Hause fahre, frage ich mich, warum ich diese aufklärerischen Hinweise loswerden mußte. Den beiden ging's im Moment nicht um Gesundheit, denen ging's um Lust, um Liebe, um Sexualität. Mir ging's um die Folgen; aber weil's mir auch um die Liebe geht, zahle ich und versuche aufzuklären.
Aufklärung – allein das Wort macht den Mund pelzig. Aufgeklärt werden wir alle, aber wie!?

ROT, ROT, ROT IST ALLES, WAS ICH LIEBE

Für Liebe ist die Farbe rot, für Treue blau, für Hoffnung grün, für Eifersucht gelb – für Sexualität ist die Farbe: bunt.
Aber Aufklärung ist grau.
Da geht es um Fakten: wie funktioniert was und wann und wie und wo ist was möglich. Links und rechts die Eierstöcke, dazwischen die Gebärmutter; Schamlippen, Klitoris, Scheide, Schwanz und Sperma, da geht es um Geschlechtsverkehr und ob man das ohne Bedenken ... bzw. worauf man zu achten hat. Was erlaubt, geboten, verboten ist. Da geht es um Moral. Du darfst, du mußt, du sollst.
Übers Liebe-machen zu sprechen ist nicht einfach, und obwohl ich über Sexualität rede und schreibe, verschlägt es mir oft genug die Sprache. Es ist noch nicht so lange her, da hat man überhaupt nicht darüber gesprochen. Jedenfalls nicht bei »anständigen« Leuten. Inzwischen reden fast alle über Sexualität, Worte wie Vagina, Scheide, Penis, Coitus haben nichts Anrüchiges mehr. Aber sie sind so sauber, so steril. Mir gefallen sie nicht. Sie klingen nach Arztpraxis und Biologieunterricht. Und die anderen Worte, die aus der Umgangssprache, mit denen können wir auch nicht umgehen. Manche sind einfach blöd. Manche drücken den Mädchen gegenüber Verachtung aus. Aber es gibt auch welche, die gut zu gebrauchen sind, kommt darauf an, wer sowas sagt und wie. Früher habe ich mich überhaupt nicht getraut, bestimmte Worte zu benutzen. Übers »Ficken« habe ich mit meinen Freundinnen nicht geredet (mit meinen Freunden schon gar nicht). Das heißt, wir haben uns natürlich schon »darüber« unterhalten, aber in eleganten Umschreibungen. Bei der Frage: »War das alles?« wußte jede, was gemeint war. Das Deutlichste war der Ausdruck »mit jemandem schlafen« – obwohl es ums Schlafen ja gerade nicht ging.
Später habe ich mitgehalten; was die Jungs sagen konnten, konnte ich schon lange, und ganz cool habe ich die Worte geübt: ficken, vögeln, bumsen, bis ich nicht mehr rot geworden

bin, sondern die anderen. Mit der Zeit habe ich Worte rausgefunden, die für mich einen besseren Klang haben, meine Lieblings-Schweineworte sozusagen. Möse gefällt mir besser als Vagina oder Scheide oder Muschi und Pimmel besser als Penis oder Schwanz. Und das Wort »vögeln« ziehe ich allen anderen Ausdrücken für »Geschlechtsverkehr« vor, es hat für mich was Leichtes und Liebevolles.

WAS IST DAS EIGENTLICH, SEXUALITÄT?

Das Wissen über Sexualität ist eine Sache, sie zu erfahren, mit den Gefühlen, der Freude, der Lust, dem Kummer und der Angst zu leben, eine andere.
Sexualität ist ein Genuß, und sie ist mehr, als wir gelernt haben, darunter zu verstehen. Alle Menschen haben vom Tag der Geburt an sexuelle Gefühle. Kinder fühlen Lust bei der liebevollen Berührung ihres Körpers, sie spüren die Liebe über die Haut. Das sexuelle Lustgefühl ist nicht nur an der Möse oder am Pimmel, da ist es auch. Aber Sexualität ist eben auch beim Fangenspielen dabei, in diesem ganz besonderen Lachen beim Abhauen, oder wenn Kinder beim Fangen sich kreischend am Boden wälzen, beim »Doktorspielen«, der neugierigen »Begutachtung« des eigenen und des anderen Körpers, sie steckt in dem Gefühl, wenn man verfroren vom Schlittenfahren heimkommt und in der warmen Badewanne sitzt, die Mutter einen abrubbelt, einen heißen Kakao macht.
Sie steckt in vielen Gefühlen.
Und wird oft versteckt.
Trotzdem macht sie sich immer wieder bemerkbar, in unterschiedlichster »Gestalt«.
Kribbeln im Bauch, Herzklopfen, Lust. Sexualität.

FILMKUSS VON FRAUKE

Mit neun Jahren lernte ich Frauke kennen, die war auf den Tag genau ein Jahr älter als ich und riesengroß. Ich liebte sie vom ersten Moment an, obwohl sie häßlich wie die Nacht war. Ihr Fahrrad hieß »Rih« wie der schwarze Hengst von Winnetou. Sie hatte fast alle Karl May Bände schon zweimal gelesen, da war ich gerade mal mit Pippi Langstrumpf fertig. Wahrscheinlich mochte ich sie wegen ihrer langen roten Haare und weil sie ihren Kopf so indianerhaft stolz nach oben hielt. Ihre ganze Körperhaltung war indianisch, jedenfalls für mich. Sie drehte niemals nur ihren Kopf, sondern immer ihren ganzen Oberkörper in eine Richtung, als hätte sie Genickstarre. Ihr Schädel schien im Gegensatz zu ihrem langen Leib sehr klein geraten, sie hatte ein winziges, rötliches und rundes Mondgesicht mit einem tiefen Haaransatz, in dem alles eng beieinander stand. So hätte zwischen ihre mongolisch schrägstehenden hellbewimperten Äugelchen kaum ein Drittes gepaßt. Ihre Nase war platt, klein und höchstens halb so groß wie meine, dafür war ihr Mund dreimal so groß. Wenn sie lachte, war ihr halbes Gesicht ein Loch mit vielen gelben Pferdezähnen, dabei blähten sich ihre Nasenlöcher wie Nüstern, und sie warf ihren kleinen Kopf mit dem dicken roten Zopf nach hinten, daß ihr kurzes Kinn völlig eins mit dem dünnen weißen Hälschen wurde.

Sie war eine Mischung aus Pippi und einem Riesenroß, rote Mähne, breiter Mund und diese pferdig indianische Statur. Bei einem ihrer Lieblingsspiele war sie mehr Pony als Pippi: sie bleckte ihr gelbes Gebiß, rollte dazu nach Pferdemanier mit den Augäpfeln, scharrte mit dem Vorderbein im Sand und schnaubte ungeduldig und wütend Unmengen von Luft durch ihre Nasenlöcher. Dann mußte ich ihr das Zaumzeug anlegen, ihr beruhigend auf die Schulter klopfen und »schön brav, schön brav« sagen. Zur Belohnung bekam sie einen Zuckerwürfel ins samtweiche Pferdemaul geschoben, den sie laut knirschend und knackend zermalmte. Wenn ich dann auf mein wildes Präriepferdchen steigen wollte, trat es mich mit dem Hinterhuf gegen mein Schienbein, so daß ich vor Schmerz die Zügel fallen ließ und meine wilde Stute schleunigst das Weite suchte. Das war schrecklich, denn jedesmal, wenn ich es endlich eingeholt und vielleicht auch noch einen Zipfel vom Zügel erwischt hatte, fing es wieder an zu bocken und zu treten und fletschte sein Pferdegebiß. Aber ich war ein tapferer Indianer, steckte alle Tritte ein, selbst wenn es sich aufbäumte und mich mit seinen Vorderläufen bearbeitete. Ich schlug nicht zurück, weil ich ja seinen Stolz nicht brechen wollte, damit es mir ein treuer, zuverlässiger und mich liebender Freund sein würde. Ich sagte immer wieder »schön brav, schön brav«, bis ihre Augen nicht mehr kullerten und die Vorderfüße stillstanden. Dann schob ich ihm noch ein Zuckerstückchen zwischen die Zähne, streichelte ihm mit der flachen Hand über die Nase, um mich endlich in den Sattel schwingen zu können, doch dann verwandelte es sich augenblicklich in einen schreienden Indianer, spuckte die Zügel aus und raste davon.

Im nahegelegenen Wald fanden wir eine kleine Höhle, die wir mit Gras auspolsterten und zu unserem Hauptquartier ernannten. Hier spielten wir uns die Seele aus dem Leib, mal waren wir zwei ausgerückte Heimkinder, die auf der Flucht vor dem prügelnden Heimleiter waren. Wir lebten nur von Beeren und Wurzeln und wären beinahe gestorben, wenn wir nicht einen jungen Wolf gefunden hätten, den wir zähmten und der uns jeden Tag einen Hasen oder einen Fasan brachte. Aber der junge Wolf war ein ewig vor lauter Angst pissender Pudel, deshalb erfanden wir bald einen neuen Schicksalsschlag, der uns in den wilden Dschungel verschlug: wir waren Indianerkinder, die von ihrem Stamm verstoßen worden und jetzt ganz allein in der Wildnis auf sich selbst gestellt waren. Wir bastelten uns Pfeil und Bogen und jagten auf unseren Fahrrädern Karnickel und Hirsche, manchmal den Tigerkönig Garlic. Er verirrte sich immer wieder in unser Revier und riß unser Wild. Im Stillen hoffte ich, ich würde ihn nie treffen, weil ich wußte, daß er ein verzauberter Königssohn aus Sibirien war und genauso verstoßen worden war wie wir. Also waren wir praktisch Brüder, er hätte uns auch niemals ein Haar gekrümmt, im Gegenteil, er beschützte uns heimlich.

Wenn wir keine Lust hatten, nachmittags zu der Höhle zu gehen, blieben wir oft in unserem Garten, wo eine alte, halbverrottete Kutsche stand, mit der wir die schönsten und wildesten Postkutschenraubüberfälle spielten. Und weil wir meistens nur zu zweit waren, mußten wir Doppel- und Dreifachrollen spielen: den Kutscher, der die Pferde zur Eile antrieb, weil die Reise gerade durch ein feindliches Indianergebiet ging, den feigen Mann und seine völlig verängstigte Gattin im Wageninneren, eventuell noch unwichtige Statistenrollen, damit die Karre auch schön voll war, und natürlich die Indianermeute auf Kriegspfad, die erstmal brennende Pfeile abschoß. Dann zerrte einer von ihnen den armen Kutscher vom Bock und erdolchte ihn, um den Wagen führerlos zu machen. Der feige Mann hatte sich gerade das Leben genommen, indem er sich laut schreiend aus dem Fenster gestürzt hatte, als Frauke das Getobe und Gejohle plötzlich unterbrach und mir erklärte, daß ich für den Rest des Spieles die schluchzende Frau sein sollte und sie der Häuptling, der mich eigentlich als Beute mitnehmen wollte, sich aber genau in dem Augenblick in mich verliebt, als er mir in die Augen blickt. Ich hatte sowieso keine Puste mehr und fand die Idee, mal was mit verliebt zu spielen, nicht schlecht. Also setzten wir an dem Punkt wieder an, wo der Gatte aus dem Leben getreten war; ich warf mich weinend auf den Boden, schlug die Hände vors Gesicht und jammerte, was das Zeug hielt. Da riß der böse Häuptling brüllend die Tür auf und schlang einen Strick um mich winselndes Weibchen. Ich hielt schön artig still und ließ mich fesseln, während Frauke immer wieder schrie: »Jetzt hab' ich dich, jetzt hab' ich dich, du weiße Drecksau!« und äußerst grob zu mir war, obwohl ich mich wie verabredet kein bißchen wehrte. Kaum waren die Knoten fertig, schmiß sie mich auf die Sitzbank, warf sich über mich, und als sich unsere Gesichter fast trafen, schrie sie: »Stillhalten, ich küss' dich jetzt!« Mir waren ja die Hände auf den Rücken gebunden worden, ich fühlte mich überrumpelt und protestierte laut: »Das war nicht ausgemacht!« Da richtete sie sich wieder auf und sagte: »Mann, ich küss' dich doch nicht richtig, nur so wie im Film!« Sie schloß ihren Mund, indem sie ihre Lippen spannte, und demonstrierte mir so, wie kein richtiger Kuß geht. Das schien mir erträglich, aber ich sicherte mich nochmal ab: »Nur einer, mehr nicht und nur ohne Fesseln.« Wir begannen nochmal bei der Selbstmordszene. Ich fing wieder an, voller Inbrunst den tragischen Tod meines geliebten Mannes zu beklagen, der Indianerhäuptling stürmte in die Kutsche, die Fesselszene ließen wir weg. Sie zog mich zwar wieder genauso unsanft auf die Bank, aber schließlich war sie ein wilder Kerl und ich immer noch eine zickige Gefangene. Dann drückte sie mir einen langen, innigen und unechten Filmkuß auf den Mund.

Ab da wurden jeden Tag und in jedes Spiel Kußszenen aufgenommen, bis es mir schien, als würden wir uns eigentlich nur noch treffen, um zu küssen. Wir waren auch nicht mehr so oft im Wald oder im Garten, sondern meistens in meinem Zimmer und inszenierten langweilige Liebespaarspiele. Nach ein paar Wochen bekamen wir Streit: ich wollte mich nicht dauernd küssen lassen und wäre viel lieber mit ihr zu unserer Höhle gegangen. - Das war das Ende unserer dicken Freundschaft, sie erhob sich schweigend, spuckte mir verächtlich vor die Füße und redete wochenlang kein Wort mehr mit mir. In der Schule war ich Luft für sie, und wenn wir uns mit den Fahrrädern begegneten, bog sie einfach in eine andere Straße ab. Eines Tages sah ich sie plötzlich mit einem Mädchen, das wir immer einstimmig als die blödeste Pißnelke aller weißen Weiber bezeichnet hatten: eine fette, verweichlichte, dumme Gans, eine Petze, die schon losflennte, wenn man sich ihr nur mal zum Spaß in den Weg stellte. Ich hätte am liebsten vor Wut geheult, aber ein Indianer weint nicht.

Kurze Zeit später wurde ihr Vater in eine andere Stadt versetzt. Zum Abschied kam sie nochmal in unseren Hof geritten, und als ich sie sah, dachte ich, wir würden wenigstens Frieden schließen, bevor sie weggeht, aber sie stieg von ihrem Rad ab, ging grußlos an mir vorbei ins Haus und sagte allen Auf Wiedersehen. Dann kam sie wieder raus und verkündete tonlos: »Garlic ist tot.« Sie hatte ihn am Vorabend mit ihren bloßen Händen erwürgt. Scheißweiber.

DEM GRAUEN ALLTAG EIN PAAR LUSTFUNKEN ABGEWINNEN

Onanie, sich selbst befriedigen, ist eine Möglichkeit, Lust zu erfahren, sie gehört zur Sexualität – ein Leben lang. Wie und wie oft du es machst, hängt allein von deiner Lust ab, da gibt es keine Regeln und Richtlinien, kann's gar nicht geben.

Stimmt aber doch nicht so ganz. Da können sich jede Menge Hindernisse auftürmen. Wo bist du denn heute noch ganz ungestört? Ohne die Eltern oder den kleinen Bruder, die kleine Schwester im Nacken, die plötzlich in der Tür stehen?

Schwieriger wird es schon mit dem schlechten Gewissen, richtiger, dem schlechten Geschmack, den manche nach dem Wichsen empfinden. Ich hoffe nicht, daß es noch viele Jugendliche gibt, die den Unsinn von der Schädlichkeit des Onanierens noch glauben, aber mit der Selbstverständlichkeit und Unbefangenheit, mit der kleine Kinder sich an die Möse oder den Pimmel fassen, ist es ab einem bestimmten Alter vorbei. Warum? Ausdrückliche Verbote: »Faß da nicht hin! Finger weg! Das macht man nicht!« und eher unauffällige Maßnahmen: die Mutter oder der Vater oder ein Verwandter schieben die Hand des Kindes weg, wenn es sich »da« anfaßt oder schauen weg – beides oder das eine oder andere machen schnell klar: das angenehme Gefühl, das du dir da verschaffst, ist nicht erlaubt, nicht erwünscht, peinlich.

Heimlich machen's die meisten Mädchen und Jungs aber doch und schlagen sich mit ihrem schlechten Gewissen und mit dem Gefühl herum, daß das nicht die *richtige* Sexualität sei, sondern nur ein Ersatz. Das ist eine unsinnige Alternative: Sex zu zweien und Sex allein können gut nebeneinander bestehen, solange beides Spaß macht. Falls du keinen Freund (oder Freundin) hast oder haben willst, ist Selbstbefriedigung ein Weg, sich's trotzdem gut gehen zu lassen.

Selbstbefriedigung täuscht, ganz im Gegensatz zu manchen Typen, nichts vor, was sie nicht halten kann. Sie verspricht Lust und Befriedigung, und in der Regel hält sie auch ihr Versprechen. Überhaupt ist es unsinnig, sich den Kopf darüber zu zerbrechen, was die »richtige« Sexualität sei, und was die »falsche«. In der Sexualität gibt es keine allgemeingültigen Normen – was für den einen »normal« ist, kann für den anderen »unnormal« sein. Es gibt auch nicht die »reife« oder »unreife« Sexualität. Die Sexualität ist immer »reif«, wenn sie reif ist, also wenn du sie spürst, als Baby, als Jugendlicher oder Erwachsener. Sexuelles Erleben mißt sich an keiner Meßskala, es ist immer abhängig von dir, von der Stimmung, in der du gerade bist, den Gelegenheiten, die sich bieten oder »es« verbieten, der Beziehung zu dem anderen. So einfach ist das und trotzdem nicht selbstverständlich.

Historisch gesehen hat sich das, was man als sexuell erlaubt oder verboten ansah, schon oft radikal gewandelt. Und so wie es heute schwer ist, das »schlechte« Gefühl nach dem Wichsen, vielleicht sogar die Angst vor den Folgen der Onanie loszuwerden, obwohl man es besser weiß, war es vor etwa 200 Jahren schwer, den Leuten die Angst überhaupt erst einzujagen. Der Prediger Friedrich Rehm berichtet folgenden Vorfall: »Mein Freund, der Herr Rektor R., an einer kleinen Stadtschule ... entdeckte mir um Michaelis 1791, daß ein Knabe in der Schule in seiner Gegenwart sich selbst unter der Schultafel befleckte, und daß, wie er nähere Untersuchung desfalls angestellt, der Vater dieses Knaben ziemlich aufgebracht gesagt habe: ›Herr Rektor! Das ist ja nichts mehr, wird meinem Jungen nicht schaden. In unserer Jugend war es wie jetzt und Niemand machte deswegen Aufsehens, wie Sie doch scheinen Thun zu wollen. Des Winters wurde jeden Sonntag hier die Stube erwärmt, wir Jungen giengen dann aus der Kirche, unter der Predigt, mit Erlaubniß hier her, um uns gegen die Kälte zu sichern; da war das nichts Neues; was der eine nicht wußte, war dem anderen bekannt. Wir sind deswegen doch ehrliche Männer, und auch gesund.‹« Der Prediger kommentiert: »Schrecklich!« Dieses »Laster«, die Onanie, war von der Kirche erst im Laufe des 18. Jahrhunderts in den Rang einer Sünde erhoben worden. Mädchen waren genauso damit beschäftigt wie Jungen: »Daß diese Seuche auch das weibliche Geschlecht angesteckt habe, ist leider wahr«, schreibt der Pädagoge Salzmann in seinem Buch über die heimlichen Sünden der Jugend. Bevor die Kirche und die Erzieher mit ihren »Bemühungen« angefangen haben, die Sexualität ausschließlich auf die Ehe und die Fortpflanzung hin zu beschränken, war der Körper des anderen Geschlechts für Kinder nichts Geheimnisvolles. Die öffentlichen Badestuben waren zugleich Orte des sexuellen Vergnügens, und die Kinder nahmen selbstverständlich daran teil.

Badestubenleben (Kupferstich von Aldegrever, 16. Jhdt.)

Daß ausgesprochene Zwangsmaßnahmen angewendet werden mußten, bis aus der Selbstbefriedigung die »Selbstbefleckung« geworden ist, spricht nur dafür, für wie normal und selbstverständlich Onanie bis zu dieser Zeit gehalten wurde. Dann befaßten sich die Kirche und die Pädagogen gründlich damit, dem »Übel« abzuhelfen. Den Kindern wurden die schlimmsten Horrorgeschichten erzählt, »das Laster der Selbstschwächung ... es zerstört die Kräfte des Körpers und der Seele.« Es wurde kontrolliert und verboten: man hat den Kindern die Arme nachts ans Bett gebunden, um mit Sicherheit zu verhindern, daß sie dieses »Laster« ausüben, immer wieder bei ihnen unter die Bettdecke geschaut, kalte Wassergüsse verabreicht und anderes mehr.

Heute wird weniger kontrolliert und verboten, geblieben ist das »ungute Gefühl« in unseren Köpfen, die Befürchtung, doch nicht ganz »normal« zu sein. Wichser gilt als verächtliches Schimpfwort, obwohl es doch fast alle selber machen, aber eben glauben, es nicht zu dürfen.

Für Mädchen gibt es meines Wissens ein entsprechendes Schimpfwort nicht. Das hängt aber sicher nicht damit zusammen, daß sie weniger onanieren, eher damit, daß es nicht so »auffällig« ist, daß man die eigenständige Sexualität von Mädchen (und Frauen) nicht in gleicher Weise wahrnimmt wie die von Männern, daß Mädchen zum Teil auch heute noch eher als passiv gelten, warten, bis der Prinz sie wachküßt. Sexuelle Aktivität, von der man in unserer Gesellschaft bei Jungen und Männern selbstverständlich ausgeht, ist für Mädchen und Frauen immer noch verpönt. Auch wenn sich langsam rumspricht, daß das ein Märchen aus alten Zeiten ist. Gerade für Mädchen ist es gut, die Lust mit sich selbst zu entdecken, sie können dann auch leichter mitteilen und einfordern, was ihnen gut tut, wenn der Junge nicht draufkommt.

DER KÖRPER

Die Veränderungen des Körpers in der Pubertät werden nicht mehr so gefeiert wie jeder Zentimeter wachsen. In dem Satz »Bist du aber groß geworden!« steckt Bewunderung, jeder kann und soll ihn hören. Unter den Blicken und Bemerkungen, wenn der Busen wächst (oder nicht), oder die Barthaare sprießen (oder nicht) fühlt man sich eher unwohl. Meine Mutter hat mir noch mit 13 vorgeschlagen, ich könnte doch in der Turnhose ins Schwimmbad gehen, Bikini bräuchte ich eh noch nicht. Das war für mich genauso schlimm wie für meine Freundin, deren Vater die ganze Familie darauf aufmerksam machte, daß ihr schon ein kleiner Busen wächst ...

Bei den Mädchen beginnt sich in der Pubertät der Busen zu entwickeln. Härchen wachsen unter den Armen und an der Möse, genauer: auf dem Schamhügel, entlang den äußeren Schamlippen bis zur Pofalte. Erst sind sie glatt, dann kräuseln sie sich. Daß sich auch die Möse verändert und wächst, fällt vielen Mädchen nicht auf, weil sie sie selten genau anschauen. Wenn du dich vor einen Spiegel setzt, kannst du sehen, daß die äußeren Geschlechtsteile aus den großen (äußeren) Schamlippen bestehen, die die kleinen (inneren) umschließen. Oben, wo die inneren Schamlippen zusammengewachsen sind, ist eine kleine erbsengroße Erhöhung, die Klitoris, auch Kitzler genannt. Wenn du die inneren Schamlippen auseinanderziehst, siehst du den Scheideneingang und darüber ein kleines Loch, das ist der Ausgang der Harnröhre. Der Scheideneingang ist vom sogenannten Jungfernhäutchen halb verschlossen. Bei vielen Mädchen fehlt es auch, sie haben es beim Spielen, beim Sport oder durch das Einführen eines Tampons »verloren«, es ist dabei eingerissen, vielleicht hast du es gar nicht gemerkt. Wenn du es noch hast, reißt es beim »ersten Mal« ein, wenn dein Freund seinen Pimmel in die Möse steckt. Das blutet etwas und kann manchmal ein bißchen weh tun.
Die großen und kleinen Schamlippen wachsen (bei manchen

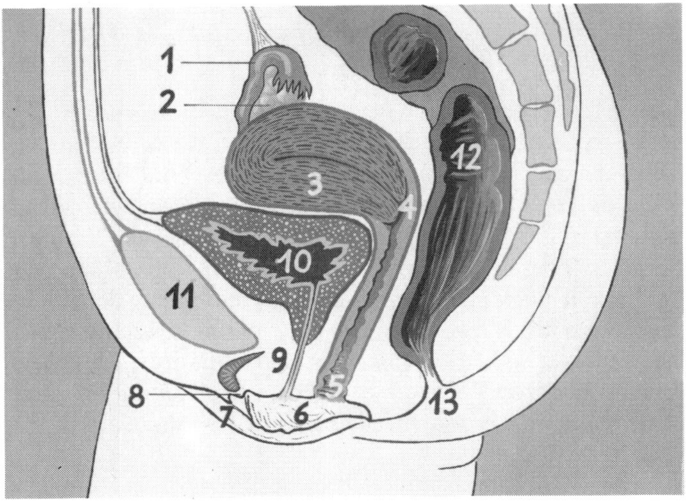

1 Eierstock 2 Follikelbläschen 3 Gebärmutter 4 Gebärmuttermund 5 Vagina 6 kleine Schamlippen 7 große Schamlippen 8 Klitoris 9 Harnröhre 10 Blase 11 Schambein 12 Darm 13 After

Mädchen schauen die kleinen etwas aus den großen Schamlippen heraus), und die Haut um den Scheideneingang wird dunkler. Auch die inneren Geschlechtsorgane, die Scheide, die Gebärmutter wachsen und die Eierstöcke fangen ihre »Produktion« an.
Diese Entwicklung, das Wachsen zieht sich über Jahre hin. Irgendwann hast du die erste Menstruation, die erste Blutung, die Periode. Bei manchen Mädchen kommt sie schon mit 9 Jahren, bei anderen erst mit 18, die meisten kriegen die erste Blutung zwischen 13 und 15 Jahren.

Jungs haben ihre äußeren Geschlechtsorgane leichter »zur Hand«. Die brauchen bloß mal runter zu gucken.
Das *Glied,* der Pimmel, Penis, Schwanz. Und der Hodensack, in dem zwei feste, runde, empfindliche »Eier« liegen, die Hoden. Am vorderen Teil des Pimmels, der Eichel, liegt der Ausgang der Harnröhre, durch die auch die Samenflüssigkeit raus-

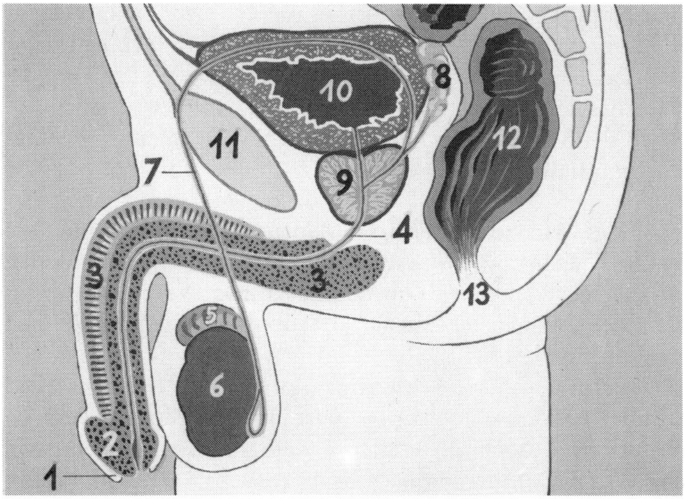

1 Vorhaut 2 Eichel 3 Schwellkörper 4 Harnröhre 5 Nebenhoden 6 Hoden 7 Samenleiter 8 Samenbläschen 9 Vorsteherdrüse (Prostata) 10 Blase 11 Schambein 12 Darm 13 After

kommt. Die Samen werden in den Hoden produziert. Die Eichel ist von der *Vorhaut* bedeckt, die sich, wenn der Schwanz steif wird, meist etwas von der Eichel zurückschiebt. Bei manchen Jungen ist aus religiösen oder hygienischen oder gesundheitlichen Gründen die Vorhaut entfernt worden, man nennt diesen Vorgang *Beschneidung*.

Die körperlichen Veränderungen in der Pubertät sind für Jungen ähnlich aufregend und nervig wie für Mädchen. Unter den Achseln, auf dem Schamhügel und am Hodensack wachsen Haare. Ein Bart fängt an zu sprießen, und bei vielen nimmt die Behaarung an Armen und Beinen und auf der Brust nach und nach zu. Auch der Schwanz wächst und mit ihm die Qual: da wird die Länge und die Dicke verglichen, und wer den kleinsten hat, findet das nicht sehr lustig, zumal die Männer glauben, daß die Größe des Schwanzes der Ausdruck ihrer Männlichkeit ist, also: je größer, desto Mann.

Irgendwann kommt dann der erste Samenerguß, gewollt oder

ungewollt. Vielen Jungen ist es erstmal peinlich, weil es Flecken macht im Bett oder in der Hose, und heimlich dient das Taschentuch dazu, die Spuren zu verwischen. Geredet wird nur in wenigen Familien darüber.
Auch der Stimmbruch hebt mehr den Spott, nicht unbedingt die Stimmung.

Für jedes Mädchen ist die erste Menstruation ein Ereignis – sie ist das Zeichen der »Geschlechtsreife«. Wie sie empfunden wird, hängt von vielen Umständen ab: vom Verhalten der Eltern, der Geschwister und auch davon, wie deine Freundinnen damit umgehen.
Hast du mitgekriegt, wenn deine Mutter ihre Periode hat, daß darüber zu Hause gesprochen wird und die Binden nicht im hintersten Wäschefach versteckt werden, dann wirst du von der ersten Blutung zwar auch überrascht, aber du kannst selbstverständlicher Fragen stellen.
Wenn du nicht darauf vorbereitet bist oder noch nicht damit gerechnet hast, erschrickst du wahrscheinlich, wenn du das Blut in der Unterhose bemerkst, denkst, du hast dich verletzt, bist krank oder hast in die Hose gemacht (der erste Ausfluß ist leicht bräunlich).
Ich z.B. habe auf meine erste Menstruation regelrecht gewartet. Von meiner Schwester wußte ich Bescheid, obwohl bei uns zu Hause über solche Sachen nicht viel geredet wurde. Viele meiner Freundinnen und Klassenkameradinnen hatten schon ihre *Tage* und brauchten einmal im Monat nicht mitzuturnen. Ich wollte endlich dazugehören, obwohl ich sah, daß meine Schwester sich oft wegen ihrer Menstruation mit Bauchkrämpfen ins Bett legen mußte. Und als es soweit war, war ich ganz stolz, warum weiß ich eigentlich auch nicht.
Die Mutter einer Freundin hat mit ihr die erste Menstruation richtig gefeiert. Die sind erstmal einkaufen gegangen. Keine »Monatshygieneartikel«, sondern Klamotten. Das ist aber auch die einzige Frau, die ich kenne, die so ein positives Erlebnis damit verbindet. Viel häufiger haben mir Frauen erzählt, daß die erste Menstruation für sie ein Alptraum aus Angst und

Scham war und daß sie lange gebraucht haben, bis sie diesen »Zustand« für sich akzeptieren konnten. Offen wird über Menstruation immer noch sehr selten gesprochen. Wenn du dich umhörst, wirst du feststellen, daß viele Frauen die Menstruation als etwas Unangenehmes, mit Schmerzen Verbundenes, als lästige Behinderung empfinden, die sie sich nicht anmerken lassen wollen.

Aus guten Gründen. »Die hat wohl ihre Tage!« heißt es oft herablassend, wenn eine Frau besonders nervös, empfindlich oder aggressiv ist.

Frauen, die ihre Tage haben, gelten oft als nicht ganz zurechnungsfähig, krank, in ihrer Leistungsfähigkeit eingeschränkt, als überspannt und »unrein«. Man ekelt sich, macht Witze, besonders Männer.

Wir selbst finden Umschreibungen, sagen, wir haben *unsere Tage, die Regel, rote Woche* oder etwas ähnliches. Und es ist noch nicht lange her, da war das Einkaufen von Binden etwas, das Frauen so unauffällig wie möglich hinter sich brachten. Den Freund, den Mann darum zu bitten, Binden oder Tampons mitzubringen, passiert auch heute noch nicht mit der gleichen Selbstverständlichkeit, mit der eine Frau für ihren Mann Rasierklingen kauft.

Wie kommt es, daß ein natürlicher Vorgang, mit dem eine Frau etwa 2300 Tage in ihrem Leben zu tun hat, zu etwas so Verschwiegenem wird?

Unsere Kultur ist seit 2000 Jahren geprägt von einer Religion, die nur einen männlichen Gott kennt, in der die Frau für den Sündenfall verantwortlich gemacht wird, für die Vertreibung aus dem Paradies. Eva hat es gewagt, sich Gottes Wort zu widersetzen und vom verbotenen Baum der Erkenntnis zu essen; zu all dem auch Adam verführt. Dafür soll sie büßen. Im Alten Testament heißt es im 3. Buch Mose: »Wenn ein Weib ihres Leibes Blutfluß hat, die soll sieben Tage beiseite getan werden, wer sie anrührt, der wird unrein sein bis auf den Abend. Und alles, worauf sie liegt, solange sie ihre Zeit hat, wird unrein sein, und worauf sie sitzt, wird unrein sein.«

Eva steht in der christlichen Religion für die körperliche, sexuelle Seite der Weiblichkeit. Sie wird verachtet. Die andere Seite, die asexuelle, wird verehrt: Maria, die Unbefleckte, Jungfräuliche, Reine, die (angeblich) nie menstruiert haben soll. Dieses Frauenbild und die Vorstellung von der Unreinheit während der Menstruation hat also eine lange Tradition, in die wir hineinwachsen und deren Wertungen wir übernehmen, auch wenn wir die Bibel nie gelesen haben. Vor dem Christentum gab es Religionen, in denen die lebendige, körperliche, sexuelle Seite der Frau nicht als ihr sündiger Teil gewertet wurde. In diesen Religionen wurden Frauen als Gottheit verehrt. Bei den Sumerern hieß sie Innana, bei den semitischen Völkern Istar. Sie verkörperten Fruchtbarkeit, Sexualität und Erotik. Aus dieser vorchristlichen Zeit gibt es Tonfiguren in der Form nackter Frauenkörper mit zwei oder drei Reihen zu jeweils 29 oder 30 Löchern; man nimmt an, daß das Opfergaben waren für die große Göttin, und sie außerdem als eine Art Menstruationskalender benutzt wurden. Sie deuten auch auf einen Zusammenhang zwischen Mond und Menstruation hin: die Abstände zwischen den Blutungen, die der Kalender der Tonfiguren vorgibt, sind etwa so lange, wie der Mond für einen Erdumlauf braucht, 29,8 Tage. Der Mond war in allen Kulturen, die weibliche Gottheiten verehrten, das Symbol weiblicher Stärke. Das Selbstverständnis und das Selbstbewußtsein der Frauen von damals muß ganz anders gewesen sein als das von heute. Auch die monatliche Blutung muß eine andere, positive Bedeutung gehabt haben. Offensichtlich wurde sie als ein Ausdruck von Weiblichkeit gesehen, auf die die Frauen so stolz waren wie heute die Männer auf ihre Potenz. Auch bei den Germanen und Kelten wurden weibliche Gottheiten angebetet. Reiche Ernten galten als ein Geschenk göttlicher Frauen, und die weibliche Fruchtbarkeit wurde verehrt. Heilwesen, Schwangerschafts- und Geburtsbetreuung lagen in den Händen der Frauen und wurden über Jahrhunderte an Frauen weitergegeben. Erst die Verfolgung und Verbrennung der Hexen (zwischen 1550 und 1750 fanden die Hexenverbrennungen ihren Höhepunkt) durch Kirche und Staat setzte dem ein Ende. Als Hexen wurden vor allem die Frauen verteufelt, die Heilkundige, Hebammen und Kräuterfrauen waren, die Abtreibungsmittel kannten und den Frauen während der Geburt schmerzstillende Mittel gaben (und damit gegen das Gebot der Bibel *Du sollst unter Schmerzen gebären* handelten). In vieler Hinsicht verstießen sie gegen die kirchlichen Dogmen und deren Körperfeindlichkeit. Es waren Millionen Frauen, die so zu Hexen gemacht, gefoltert und verbrannt wurden. Der letzte Hexenprozeß ist noch keine 200 Jahre her. Das Wissen über den weiblichen Körper haben sich so die Männer angeeignet (85 % aller Frauenärzte in der BRD sind Männer). Sie haben den weiblichen Körper unter Kontrolle, forschen und befinden über ihn, sie definieren ihn.

Je mehr sich die Wissenschaft »Medizin« entwickelte, desto weniger konnte die Menstruation als *Fluch,* als Strafe für den Sündenfall gelten. Jetzt wurde sie in der scheinbar neutralen Sprache der Mediziner lange Zeit als *unnormaler Zustand* festgelegt. Als die Mediziner Anfang des 20. Jahrhunderts die Hormone erforschten und entdeckten, daß die Menstruation ein Ausdruck von sich verändernden Hormonausschüttungen im weiblichen Körper ist, konnte die Ansicht, daß die monatliche Blutung ein unnormaler, krankhafter Zustand ist, nicht mehr aufrecht erhalten werden.

Aber noch 1920 behauptete der Arzt Bela Schick, daß Frauen während der Menstruation mit dem Blut und über die Haut ein Gift ausscheiden, das sogenannte Menotoxin. Diese Behauptung setzte die abenteuerlichsten Vorstellungen in Gang: Most kippt um, Milch und Sahne werden sauer, Früchte verderben, wenn das »Gift« bzw. die menstruierende Frau in die Nähe oder damit in Berührung kommt.

Erst 1950 hat man sich die Mühe gemacht, wissenschaftlich nachzuweisen, daß es so etwas wie »Menotoxin« nicht gibt.

Mehr über die Zusammenhänge, Ursachen und Wirkungen des Menstruationstabus kannst du nachlesen in:

P. Shuttle / P. Redgrave, Die weise Wunde Menstruation, Fischer Verlag, Frankfurt, 16,80 DM;

C. Reuße / M. Holler: Menstruation, Rowohlt Verlag, Reinbek bei Hamburg, 9,80 DM.

DER WEIBLICHE ZYKLUS

Wenn ein Mädchen geboren wird, kommt es mit ca. 300.000 - 400.000 Eibläschen in den Eierstöcken auf die Welt. Bis zur Pubertät liegen sie dort sozusagen im Ruhezustand. Zwischen dem 9. und dem 18. Lebensjahr, das ist bei jedem Mädchen anders, fängt der Körper an, über die Ausschüttung von Hormonen den *Zyklus* in Gang zu setzen. Das heißt: eine Eizelle reift heran, springt vom Eierstock in den Eileiter und nistet sich, wenn sie befruchtet worden ist, in die Gebärmutterschleimhaut ein. Wenn sie nicht befruchtet wurde, also nicht mit einer Samenzelle zusammen getroffen ist, löst sie sich auf und wird mit der Menstruation ausgeschieden. Nach der Menstruation beginnt der Zyklus von vorne, den man sich wie eine Art Wellenbewegung vorstellen kann, die von verschiedenen Hormonen ausgelöst und gesteuert wird. In der ersten Hälfte des Zyklus schüttet die Hirnanhangdrüse (Hypophyse) das follikelstimulierende Hormon (FSH) aus, das die Eireifung anregt, und das luteinisierende Hormon (LH), das den Eisprung auslöst.

Gleichzeitig produzieren auch die Eierstöcke Hormone: Östrogen sorgt dafür, daß sich die Gebärmutterschleimhaut aufbaut, und das Progesteron macht die Schleimhaut weich und aufnahmefähig. Kommt es nicht zur Befruchtung, löst sich nach 12-16 Tagen die oberste Schicht der Gebärmutterschleimhaut ab und wird mit der Blutung, der Menstruation herausgeschwemmt. Das alles ist ein äußerst komplizierter Vorgang. (Wenn du es genauer wissen willst, kannst du in dem Buch »Die Regel – eine herbeigeredete Krankheit« von Angelika Blume und Sylvia Schneider mehr darüber nachlesen.

Bei der Menstruation ziehen sich die Muskelzellen der Gebärmutter wellenartig zusammen, der Muttermund öffnet sich etwas, damit das Blut besser abfließen kann.

Ist die Schleimhautoberfläche vollständig abgelöst, produziert der Eierstock wieder Östrogen, die Menstruation hört auf, der Zyklus beginnt von Neuem.

Unregelmäßigkeiten sind bei der *Regel* normal. Die Abstände zwischen den Menstruationen schwanken zwischen 21 und 35 Tagen. Gerade am Anfang, bis sich der Zyklus eingependelt hat, kann es auch vorkommen, daß mal ein Monat übersprungen wird. Die Blutungen sind unterschiedlich stark oder schwach, und sie dauern unterschiedlich lange, zwischen zwei und sechs Tagen, manchmal sogar etwas länger.
Manche Frauen haben überhaupt keine Beschwerden, andere fühlen sich abgespannt und schlapp, haben Rückenschmerzen und Bauchkrämpfe. Für die »Regel« gibt es keine Regel, an die du dich halten könntest oder die du gar erreichen müßtest. Nicht nur körperliche, auch psychische Einflüsse wirken auf den Zyklus. Aufregung und Kummer, ungewohnte Situationen, die Angst machen, Prüfungsstreß zum Beispiel, können Veränderungen zur Folge haben: die Menstruation verzögert sich, kommt in kürzeren Abständen oder bleibt auch mal ganz aus. Ebenso kann das komplizierte Zusammenspiel der Hormone durch Umwelteinflüsse, extreme Klimaschwankungen oder auch durch plötzlich veränderte Eßgewohnheiten durcheinander gebracht werden.

HYGIENE

Viele Frauen haben während der Menstruation das Bedürfnis, besonders »sauber« zu sein. Sie haben Angst zu »riechen«. Menstruationsblut stinkt nicht. Erst wenn es sich zersetzt, entwickelt es einen auffälligen Geruch. Dagegen helfen keine Lotions, Seifen oder Sprays, das verhinderst du nur, wenn du die Binden oft genug wechselst. Wie oft, muß jede Frau selbst entscheiden, es hängt von der Stärke der Blutung ab. Binden mit Deo, die angeboten werden, damit die »kritischen Tage nicht kritisch sind«, haben einen Eigengeruch, den dann wirklich auch der Nachbar riecht. Sie sind nur teuer und bringen nichts.

Binden sind noch immer die meistverkauften Monatsschutzartikel. Sie bestehen aus Watte und/oder Zellstoff und aus einer Kunststoffolie; an der Unterseite haben sie einen oder zwei Klebestreifen, damit sie nicht verrutschen. Bei jungen Frauen allerdings sind Tampons beliebter, weil man schwimmen gehen kann, weil sie beim Sporttreiben weniger stören, weil sie unauffälliger sind. Tampons sind kleine Wattestifte, die mit einem Rückholfaden aus Baumwolle versehen sind; sie werden in die Möse gesteckt und saugen dort das Blut auf. Es gibt sie mit unterschiedlicher Saugfähigkeit und in unterschiedlichen Größen, auch Mädchen, die noch ein Jungfernhäutchen haben, können sie verwenden. Trotzdem sollten Tampons nicht dauernd benutzt werden, sie haben auch Nachteile. Tampons saugen Feuchtigkeit auf. Wenn die Blutung nur schwach ist, entziehen sie der Scheidenschleimhaut Flüssigkeit. Beim Rausziehen eines trockenen Tampons reiben dann zwei trockene Flächen aneinander. Dadurch können Rötungen entstehen, Entzündungen und eine erhöhte Anfälligkeit für Pilzkrankheiten. Deshalb ist es besser, Tampons nur während der starken Blutungen zu benutzen, solange sie richtig feucht werden, und nachts zum Beispiel Binden zu benützen.

LIEBER AUSSEHEN WIE ALLE ANDEREN ...

»Jetzt bist du eine richtige Frau!«
Dieser eigentlich liebevoll gemeinte Satz, den viele Mädchen zu hören kriegen, wenn sie die erste Menstruation haben, löst zwiespältige Gefühle aus.
Aus dem Kinderkörper in den Frauenkörper zu wachsen ist ein aufregender Prozeß, aber er ist nicht nur mit angenehmen Gefühlen verbunden, er nervt auch: in der alten Haut fühlst du dich nicht mehr wohl und in der neuen noch nicht.
Allein der Busen. Fast alle Mädchen sind mit ihrem Busen erstmal unzufrieden, messen ihn an Werbefotoidealbusen. Aber

der eigene wächst, wie er will. Bei den meisten Frauen gibt es einen Unterschied zwischen den beiden Brüsten, der sich zwar im Lauf der Zeit ausgleicht, aber nicht total. Viele Mädchen leiden unter blöden Sprüchen von: »Flach wie ein Brett« bis »Hat die vielleicht ein Euter« undsoweiter.

Überhaupt ist der Körper ein ständiger Quell der Unzufriedenheit. *Lieber aussehen wie alle anderen, nur nicht so wie ich* – das denken viele Mädchen, auch die, von denen die anderen denken, die haben wirklich keinen Grund sich zu beklagen. Das »Schönheitsideal« wird dir zum Problem, nicht nur weil

Ideale sowieso unerreichbar sind. Das scheint besonders für Frauen so zu sein. Wenn du dem Ideal von heute nicht entsprichst, nicht mal annähernd, das schlank, schmalhüftig und braungebrannt ansagt, dann hilft es dir wenig zu wissen, daß früher dicke und weißhäutige Frauen schön gefunden wurden. Du fühlst dich zu groß oder zu klein, zu dick oder zu mager, die Haare sind nicht o.k. und die Nase ist sowieso zu groß. Nichts stimmt *harmonisch* zusammen, und – das Schlimmste – niemand hat dafür Verständnis.
Solche Probleme können schnell unbedeutend werden, wenn du merkst, da ist einer, der fährt auf dich ab, weil du so bist wie du bist.

VERKNALLT, VERSCHOSSEN, VERLIEBT ...

Flirten, mit den Augen fängt's meistens an. Das Blickewerfen geht los, man sendet und empfängt (un-)sichtbare Morsezeichen, die signalisieren: Ich mag dich.
Zum Beispiel so: Es regnet, du wartest schon seit einer halben Stunde im Schneeregen auf den Omnibus, die Hosen kleben kalt und feucht an deinen Oberschenkeln, du bist bis in die Socken durchgeweicht und frierst. Ein echter Scheißtag heute. Dann kommt endlich ein Bus angefahren, aber es ist natürlich der falsche, mit dem mußt du einen langen Umweg fahren. Und der rollt auch noch mitten durch eine Pfütze und spritzt dich von oben bis unten voll ... Aber lieber im Bus, als noch länger an der Haltestelle rumstehen. Du steigst in den Bus, bahnst dir deinen Weg durch all die dicken und stinkenden pelzbemützten Leiber zum Entwerter.
Entschuldigen Sie bitte ... Verzeihung ... Entschuldigen Sie ... Die sturen Böcke weichen keinen Zentimeter. Kurz vorm Ziel zieht dir auf einmal eine fremde Hand den Fahrschein aus den Fingern. Und du schaust für den Bruchteil einer Sekunde in ein naßgeregnetes Gesicht. Er stempelt dir deinen Fahrschein

ab und gibt ihn dir zurück. Drei, vier Sekunden ein Augenblickkontakt, ein Grinsen. Da bremst der Bus, du fliegst gegen eine von diesen mit Plastiktüten beladenen Tanten:
Aber Obacht, junge Frau, wenn ich bitten darf!
Dabei war's doch gar nicht deine Schuld. Und wie du dich umdrehst, ist er schon weg, ausgestiegen. Du hast nur noch sein »Tschüss« in den Ohren. Was hat der eigentlich für Augen gehabt? Du spielst nochmal in Gedanken die Situation durch, wie du in den Bus gestiegen bist, dich durch die Leute gewühlt hast und er dir plötzlich den Wisch aus der Hand gezogen hat. Ihr euch diesen Moment mit euren Blicken begegnet seid. Er hat braune Augen gehabt, braune, etwas schräggestellte Augen. Und wie war der Mund? Hab' ich den überhaupt gesehen? Klar, der hat ja gegrinst. Mit den Mundwinkeln so ein bißchen nach oben gelächelt. Und schon hast du im Kopf dein erstes Polaroid geschossen. Vielleicht steckst du's in die Tasche, und es rutscht zwischen irgendwelche Hefte und Bücher, du denkst noch ein paarmal daran, dann hast du's auch schon wieder vergessen.
Es kann aber auch sein, daß die Augen, das Grinsen oder Lächeln dich nicht mehr loslassen. Du ziehst das Bild immer wieder raus, um es anzuschauen. Morgens, mittags, abends oder noch öfter. Allein in der Biostunde mindestens fünfmal.

So kann's anfangen, das Sichverknallen. Man weiß eigentlich gar nicht genau weshalb. Ganz objektiv gesehen war da rein gar nichts, der war doch nur nett, ein bißchen hilfsbereit (oder witzig oder freundlich oder oder oder ...) Da reichen oft ein paar Sekunden, um diese Unruhe im Kopf zu stiften. Ein Blick, eine Geste, eine einzige Bewegung setzt sich in deinen Gedanken fest und läßt sich so einfach nicht mehr vertreiben. Man schaltet auf Empfang. Jede(r) kennt dieses Gefühl.
Noch geht alles glatt, kein Problem. Bei den nächsten Begegnungen macht man so viele Schnappschüsse, daß es schon für ein ganzes Familienalbum reichen würde. Die vielen Bilder werden so langsam zum Brett vorm Kopf, das man den lieben langen Tag vor sich herträgt ...

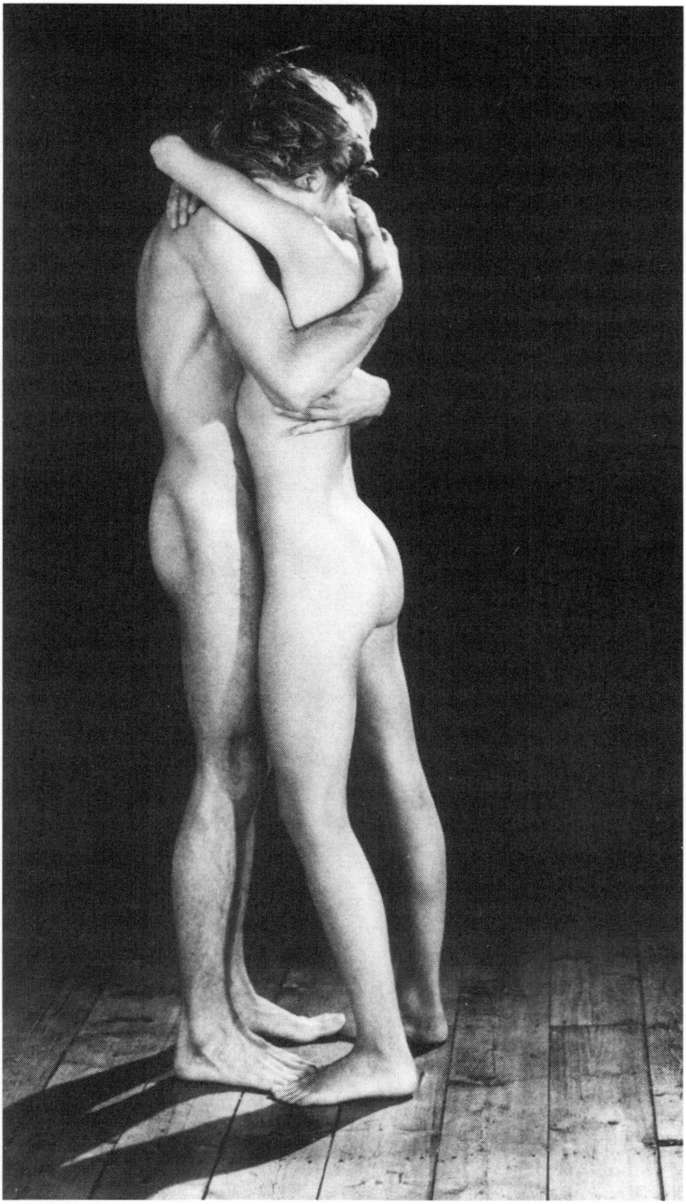

MICHI
(für Jo)

Noch zwei Querstraßen, dann sind wir da. Mir klopft das Herz bis zum Hals, und ich fühl mich beschissen in diesem lächerlichen Fetzen von Miniröckchen und den Nylonstrumpfhosen. Warum hab ich denn nicht meine Schlabberjeans angelassen, in denen bin ich wenigstens sicher. Aber Gisa hat mir den ganzen Nachmittag die Hölle heiß gemacht, ich sähe aus wie ein grauer Feldhase in den ewig gleichen Klamotten, so maskulin und gar nicht weiblich. Da würde ich bestimmt nicht bei dem landen ... Und dann hab ich blöde Kuh mich überreden lassen, diese idiotische Montur anzuziehen. Ich würde am liebsten wieder umdrehen und nach Hause gehen. Irgendwie verrückt, einerseits will ich unbedingt in seiner Nähe sein, und andrerseits hab ich richtig Angst davor.

Noch zwei, drei Minuten, dann bin ich blamiert. Die werden alle lachen. Und Gisa sieht mal wieder bombig aus in den knallengen Hosen und dem Spaghettiträgerhemdchen. Die sieht einfach immer gut aus mit ihren tollen langen Locken, und die hat 'nen richtigen Superbusen. Schön rund und nicht zu groß und nicht zu klein. Ich seh daneben aus wie ein gerupftes Hühnchen, mit meinen Schnittlauchhaaren und fast flach wie ein Brett. Und dann noch diese Beine. Warum hab ich bloß so schreckliche Beine. So dünn und die scheußlichen Knie dazu, und diese viel zu dunklen Nylons, die an diesen Knien auch noch Falten schlagen.

Was soll ich denn sagen, wenn der mich wieder anquatscht, wahrscheinlich werde ich wie immer kein Wort über die Lippen bringen. Und Gisa tut immer so, als wäre das alles nur ein Kinderspiel. Die wird nie rot und weiß immer 'ne witzige Antwort. Mir passieren immer die peinlichsten Sachen in den ungünstigsten Momenten. Wenn ich ein bißchen Asche vom Tisch hauchen will, blas ich gleich den ganzen Aschenbecher leer.

Die letzte Straße, das sind keine fünfzig Meter mehr, gleich laufen wir um die Ecke, und dann gibt's kein Zurück mehr. Gisa merkt, daß ich immer langsamer werde und zieht mich am Ärmel.

»Los komm, du siehst klasse aus.«

»Ach, ich seh doch aus wie 'ne Witzfigur. Hätte ich bloß meine Jeans angelassen.«
»Stell dich nicht so an. In denen hast du 'nen Arsch wie 'n Nilpferd, und der steht nicht auf Fettärsche.«
Ich hab einen Fettarsch, hat sie gesagt. Wie schön. Das muß ja wirklich spitze aussehen. Ein Fettarsch und dünne Beinchen. Wenn einer was sagt, dann mach ich auf den Hacken kehrt und wechsel morgen die Schule.

Da sind sie alle, die Jungs mit ihren Mopeds. Und die Mädels stehen alle artig nebendran. Michi dreht sich natürlich sofort nach uns um, und ich könnte in den Boden versinken vor Scham. Wenigstens lacht er nicht, aber wahrscheinlich denkt er, da kommt die schöne Gisa mit ihrer kleinen fettärschigen Freundin. Am besten, ich schau gar nicht hin. Noch hab ich ein paar Meter Zeit, kann mich an Gisa klammern, und sie hilft mir netterweise, indem sie mich um eine Zigarette bittet, bevor sie sich auf ihren Wenzel stürzt. Da hab ich was zu wühlen, wenn auch nur für ein paar Sekunden. Ich suche völlig hirnlos in meinen Taschen rum. Wie kann ich mich denn nur dermaßen in einen Knaben verknallen, daß ich mich noch nicht mal mehr in meinen eigenen Taschen auskenne vor lauter Gefühlswallungen. Und das geht schon seit Wochen so, es geht kein Tag ins Land, an dem mir nicht mindestens zehnmal das Herz in die Hose rutscht. Es reicht schon, wenn ich sein blödes Moped nur von weitem seh. Und das Ding könnte ich mit verbundenen Augen aus tausend anderen Motoren heraushören. Mein Gott, wo sind diese Scheißkippen, ich hab sie doch eingesteckt, bevor wir losgelaufen sind.
Ich find sie nicht.
Sie hat schon längst eine im Mund und hört mich gar nicht mehr. Ist voll in Fahrt und lacht und lehnt sich an ihren Wenzel, der auf seinem dicken Motorrad sitzt und den Arm um sie gelegt hat. Ach könnte ich nur auch mit dem Michi so Arm in Arm und engumschlungen dastehen, ganz vertraut. Und dann würden wir uns auf sein Moped setzen und losfahren, und ich könnte mich an ihn schmiegen, und wir würden durch die Landschaft düsen.
Die Weiber stehen alle um ihn herum und übertreffen sich gegen-

seitig mit Liebreiz und Weiblichkeit. Er ist eindeutig der Hahn im Korb, es gibt keine, die ihn nicht anhimmelt. Das Schlimmste an dieser Massenhysterie ist, daß ich diejenige bin, die am allerwenigsten Chancen hat. Außer wenig Busen und Plattfüßen hab ich doch nicht viel zu bieten, und dann bin ich auch noch die Jüngste. Und wenn er mich mal anquatscht, dann bin ich so unfreundlich wie nur möglich zu ihm, damit er bloß nicht auf die Idee kommt, ich wollte mich in diesen Haufen Schnattergänse einreihen. Aber auf der anderen Seite ist da keine, die nicht schon mal hat und nicht wüßte, wie's geht. Ich hab grade mal gelernt, wie man richtig knutscht.

Und jetzt reden die auch noch von Liebe, was denn sonst, das beliebteste Gesprächsthema. Da fällt einfach jedem noch was dazu ein, ganz egal, wie oft es schon durchgekaut worden ist. Und ich höre ihn sagen:

»Ich glaub nicht an die große Liebe.«

Da hab ichs. Das ist der Beweis, daß er nichts von mir will. Ich zerfließe hier vor riesengroßer Liebe zu ihm, kann kaum noch geradeaus gucken und renn auf der Straße fast in die Autos, nur weil ich immer nach seinem Moped suche. Und der sagt ganz lokker, daß er nicht an die große Liebe glaubt. Was mach ich mir eigentlich für dämliche Hoffnungen, ich kanns doch stecken! Und dann zirpt Simone, die alte Pißnelke, auch noch:

»Und da komme, was wolle?«

Klimpert mit ihren blauschwarz getuschten Wimpern und streckt ihren Arsch raus, daß ich ihr eine reintreten könnte. Aber er läßt sie abblitzen:

»Bis jetzt ist mir die Richtige jedenfalls noch nicht über den Weg gelaufen.«

Sie zieht 'ne beleidigte Schnute, und er steigt von seinem Moped, geht rüber zu dem Liebespaar und will eine Kippe haben. Und Gisa, die alte Sau, zeigt auf mich.

Ach könnte ich nur wie Rumpelstilzchen in die Erde fahren, der Asphalt soll sich vor mir auftun, und ich bete zum Himmel, daß ich nicht wieder so schamhaft erröte wie gestern mittag am See, als mir mein Eis von der Waffel gerutscht ist, direkt auf seinen braunen Rücken ... Aber der liebe Gott läßt mich im Stich, und

noch bevor Michi ein Wort sagt, steigt mir das Blut in die Halsschlagader. Mein Magen schnurrt zusammen, und ich denke, mir platzt der Kopf. Und alle glotzen auf mich, jeder sieht meine feuerrote Birne und meine Ohren, die sind sicher ganz rot, dunkelrot, ich fühl sie glühen. Und er lächelt mich an. Meine Hände zittern, und ich finde die Zigaretten wieder nicht. Alle Taschen sind leer, ich spüre mein Herz in der Kehle pochen, bloß nicht schlucken, dann ist alles aus, dann falle ich in Ohnmacht ...
Wie einfach plötzlich alles wäre, wenn ich jetzt wirklich zusammenklappen würde, ihm in die Arme sinken und erst Minuten später wieder die Augen aufschlagen. Da hätte er mein blasses Gesicht mit zärtlichen Küssen übersät ...
Jetzt läßt die Röte etwas nach, die ersten Schrecksekunden sind überstanden, ich kann auch wieder etwas höher als auf seine Schnürsenkel schauen, und ich sage:
»Ich hab keine.«
Meine Stimme klingt wie die einer Kröte, als hätte ich Husten, Halsweh, Heiserkeit. Frosch im Hals. Und schon glüht das Köpfchen wieder. Und dann seh ich auch noch, daß in seiner Jackentasche ein volles Päckchen steckt. Ich räusper mich.
»Aber du.«
»Aber was ich?«
»Du hast da oben welche.«
Und zeige auf seine Tasche, und plötzlich schau ich ihm in die Augen, mittenrein in seine wahnsinnsbraunen Augen, und wir starren uns an, und er sagt mit seinem schönen Mund ganz einfach:
»Ich weiß.«
Mir bleibt fast die Spucke weg. Er zündet sich eine an, ohne den leisesten Anschein von Unsicherheit. Ich hätte die Zigarette erst gar nicht angekriegt, mir wäre das Feuerzeug vom eigenen Atem ausgeblasen worden. Aber er zittert kein bißchen, zieht an der Kippe und streckt sie mir hin.
Was will ich denn mehr, netter kann doch keiner sein.
Ich schau ihm nochmal in die Augen, aber da guckt er auf meine Beine, auf meine schrecklichen Knubbelknie, und ich verliere schon wieder den Boden unter den Füßen.
»Gehst du morgen mit an den See?«

Ich hatte schon befürchtet, er würde sagen: Du hast aber komische Beine. Und ich antworte:
»Klar geh ich mit.«
Und die Weiber glotzen und glotzen, daß ihnen die Augen rausfallen, und ich platze fast vor Glück. Er hat sie alle stehen lassen, um mit mir zu reden. Er mag mich, er mag mich!
Als ich an den See komme, liegt er ganz allein da, keine Gisa und kein Wenzel. Ich komm mir vor, als wäre ich in eine Falle gelaufen. Aber es ist zu spät, er hat mich schon entdeckt. Ich ertrinke, meine Schwimmflügel sind schlapp und ohne Luft. Ich saufe ganz jämmerlich ab. Ganz allein mit ihm am See. Horror.
»Kommst ja ganz schön spät.«
»Ja. Nachsitzen.«
Mehr als die zwei Wörtchen kriege ich nicht raus. Ich breite mein Handtuch neben seinem aus und fange an, mich auszuziehen. Ich genier mich wahnsinnig. Es ist lächerlich, ich hab doch meinen Bikini drunter, was ist schon dabei. Aber es ist trotzdem ein blödes Gefühl. Ich lege mich auf den Bauch, da fühl ich mich nicht so nackt, und hole mein Buch aus der Tasche. Ich kann ja nicht die ganze Zeit in den Himmel glotzen oder auf ihn, auch wenn ichs gern täte.
Ich muß jede Zeile dreimal lesen, und wenn ich den einen Satz endlich kapiert hab, ist der letzte schon wieder vergessen.
»Ich dachte schon, du würdest gar nicht mehr kommen.«
Ich wäre doch um die halbe Welt gelaufen, nur um ihn für eine Minute sehen zu können. Und ich weiß mal wieder nicht, was ich sagen soll. Es ist eine Scheißsituation, so verstockt. Ich bin verklemmt und verstockt. Ich muß jetzt was sagen, ich kann ihn doch nicht so in der Luft hängen lassen. Plötzlich spüre ich seine Hand auf meinem Kopf.
Herzklopfen bis in die Schläfen, und ich werde stocksteif, rot und röter, und ich verstecke meinen Kopf in meinen verschränkten Armen. Der muß denken, ich sei ganz tief drinnen eine katholische Ordensschwester. Ich fühle nur noch seine Hand und rieche seinen nahen Körper, Sonnencreme und Seewasser. Ich kapiere, was damit gemeint ist, wenn einem Sekunden wie hundert Jahre vorkommen.

Tu deine Hand da nicht weg, bitte. Laß sie da liegen, denke ich. Sein Daumen bewegt sich einen Millimeter. Ich kann mich nicht rühren, bin wie versteinert. Ich bräuchte doch bloß den Kopf zu heben und zu ihm rüber rutschen, und dann wäre endlich alles gut. Oder irgendwas sagen, damit er weiß, daß ich ihn mag, daß ich fast sterbe vor Aufregung und Sehnsucht und Liebe und Angst. Aber ich schaff's nicht. Ich laß ihn hängen, zeige nichts von mir, noch nicht mal ein Zucken.
Bis er die Hand wieder wegnimmt und sich enttäuscht zurückfallen läßt. Ich Eiszapfen, was mach ich bloß für einen Scheiß. Ich könnte mir in den Arsch beißen. Er mag mich doch, und ich behandle ihn wie einen Hund. Versau alles, weil ich zu feige bin. Verdammte Scheiße.

So liegen wir schweigend nebeneinander, schlechte Stimmung, bad vibes. Es ist unerträglich, kein Geräusch in der Hitze als unsere verhaltenen Atemzüge. Ein und aus und ein und aus, und dann fängt auch noch mein Magen an zu knurren, weil ich seit heute morgen nichts mehr gegessen hab. Er wird denken, ich denke ans Essen, an heiße Würstchen mit Senf und Kartoffelsalat. Ich fange an, in der Hitze zu braten, der Schweiß läuft runter, und ich brings nicht fertig, einfach aufzustehen und ins Wasser zu gehen. Dann wäre diese beschissene Situation wenigstens beendet, wenn schon nicht gerettet. Aber er schafft's ja auch nicht, liegt genauso starr wie ich da und denkt wahrscheinlich, daß er doch besser seine Finger von mir gelassen hätte.
Dann kommen Wenzel und Gisa, und ich höre ihn leise »endlich« sagen. Erlösung von dieser Qual. Er steht auf und geht mit Wenzel schwimmen. Ich hab alles kaputt gemacht, ich hab alles verbockt. Gisa schaut mich neugierig und verstohlen an. Und endlich kapier ich, was hier gespielt wird: das war von ihr eingefädelt, der ganze Scheißdreck. Die sind mit Absicht so spät gekommen, und jetzt fragt sie auch noch ganz scheinheilig:
»Na, wie war's?«
Ich könnte ihr eine knallen vor Wut. Ich brauch keinen Schuhlöffel in Sachen Michi und packe meine Klamotten zusammen. Sie kann ihren Mund nicht halten:

»Du behandelst den wie ein Stück Scheiße, und wenn du dich weiter so bescheuert benimmst, hat der bald keine Lust mehr!«
»Dann soll er's halt bleiben lassen!«
Ich streife mir das T-Shirt über. Die beiden Jungs schwimmen ganz weit draußen. Als ich oben auf dem Feldweg bin, brüllt sie hinter mir her:
»Du bist 'ne sture, blöde Zicke!«
Die kann mich mal, und ihre dämlichen Verkupplungsversuche kann sie sich in Zukunft auch sparen.
»Und du 'ne alte Puffmutter!« brülle ich zurück.

Einen Tag später ist das Sommerfest in der Schule, die letzte Chance für mich. Die letzte Möglichkeit, alles wieder gut zu machen. Dann fahr ich mit meinen Eltern nach Spanien, und es werden mindestens drei Wochen vergehen, bis wir uns wiedersehen. Und wer weiß, was bis dahin passiert ist. Er wird sich in eine andere verlieben, die ihn nicht wegekelt, die ihn dranläßt, und ich werde derweil in Spanien durchdrehen vor Sehnsucht und Kummer.
Ich muß auf dieses Fest, egal wie bescheuert ich mich gestern benommen hab. Ich muß hin, und wenn ich wirklich merken sollte, daß der Zug abgefahren ist, dann muß ich wenigstens so tun, als hätte ich niemals auch nur einen halben Gedanken an ihn verschwendet. Ich schmeiß mich in Schale, ich muß heute aussehen wie eine Eisbombe, garniert mit Zuckerblümchen und Sahnetupfern. Ich dreh mich tausendmal vorm Spiegel. Die Schlabberjeans sind frisch gewaschen, und der kurze Pullover sieht richtig geil aus. Meine Haare steck ich hinten hoch, und ich seh auf einmal drei Jahre älter aus. Ich bin superschön heute und endlich mal zufrieden mit mir. Heute spuck ich ihm vor die Füße.
Ich hab einen Höhenkoller. Ich stelle mir vor, wie ich auf ihn zu geh und ganz lässig sage: Hast du Bock zu tanzen. Oder: Drehen wir 'ne Runde. Und dann nimmt er meine Hand, und wir tanzen Wienerwalzer und nichts auf der Welt bringt uns wieder auseinander. Wir küssen uns und drehen uns zu der Musik, und alle anderen stehen außen rum und schauen uns zu, wie wir in den Himmel fliegen.

Die Halle tobt und tanzt, und sogar die Lehrer mischen heute wie die Wilden mit. Ich wühle mich durch die stampfenden Massen, suche nach seinem Lockenkopf, er muß doch irgendwo sein. Ich laufe einmal rundherum und im Zickzack quer durch, aber er scheint nicht da zu sein. Und auch die Pißnelke ist nirgends zu sehen, die müßte ja schon längst hier sein. Vielleicht stehen die in einer Ecke und knutschen, und ich bin dran vorbeigelaufen, und jetzt lachen die sich über mich halbtot.
Ich fühl mich klein und übers Ohr gehauen. Schließlich finde ich Gisa und Wenzel, natürlich sich küssend, denen fällt auch nichts anderes ein als knutschen. Das muß doch langweilen auf die Dauer. Aber ich frage nicht, wo Michi ist, die brauchen nicht zu wissen, daß ich ihn suche.
Hier ist es schön düster, und ich kann meine lieben Schulkameraden beobachten, die sich alle pausenlos in die Arme fliegen und von denen keiner den Eindruck macht, als ob er sich nicht wie Bolle amüsieren würde. Ich bin anscheinend mal wieder die einzige, die's hier nicht gut findet. Die einzige, die eine lange Fresse zieht. Meine Laune wird immer schlechter.
Ach hätte ich mich doch gestern nicht so gehabt, dann könnten wir beide jetzt auch hier stehen und uns umarmen, und ich müßte nicht schon wieder zum hundertsten Mal darüber nachdenken, was ich alles falsch gemacht habe und was passiert wäre, wenn ...
Und plötzlich sehe ich ihn, aber er mich nicht. Zum Glück, ich steh ja im Dunkeln. Er leuchtet, nein er glüht, und ich seh nur noch ihn. Quer durch die Halle küsse ich ihn auf seinen schönen weichen Mund. Und dann dreht er sich um und schaut direkt in meine Richtung, und mein Herz schlägt hundertachtzig. Es rast, es flattert, und ich muß schlucken. Er kommt hierher. Oh Gott, er läuft direkt auf mich zu, was soll ich bloß machen! Aber dann dreht er ab, geht in Richtung Ausgang, er hat mich nicht gesehen. Ich bin nochmal davon gekommen ... aber ich darf ihn nicht aus den Augen verlieren. Und ich laufe mit ein paar Metern Abstand hinter ihm her, als wären wir durch eine unsichtbare Schnur miteinander verbunden. Er muß doch fühlen, daß ich so nah bin, er muß es doch einfach spüren. Er muß sich doch umdrehen und stehenbleiben und mich sehen ...

Auf einmal springt ihn jemand an. Erst denke ich, er wäre angerempelt worden, aber dann seh ich, daß es die Pißnelke ist, die sich um ihn schlingt. Sich wie eine Schlange um ihn herum wickelt, und er bleibt stehen und umarmt sie.
Er umarmt sie! Ich denke immer wieder denselben Satz: Er umarmt sie. Ich kann nicht weitergehen und auch nicht zurück, bin wie festgenagelt, wie von einer giftigen Spinne angestochen und gelähmt.
Michi. Mein Michi und dieses Drecksweib.
Ich hab einen dicken fetten Kloß im Hals. Ich schlucke und würge, aber das Ding bleibt hartnäckig stecken. Bis mir die Tränen kommen. Sie rollen die Backe entlang und über den Hals. Und dann kommt Gisa auf mich zu und schnallt erst gar nicht, was los ist, klopft mir auf die Schulter, daß ich fast umfliege. Und ich fange an, Rotz und Wasser zu heulen, und sie nimmt mich in die Arme und entschuldigt sich. Ich flenne und flenne, und lasse mich von Gisa wie ein Hündchen an der Leine hinter ihr herziehen, fühl mich leer, und auf einmal nervt mich hier alles. Die Musik ist wahnsinnig laut, und ich will weg von den schreienden und hektischen Leuten. Nach Hause in mein Bett und alles vergessen, den ganzen Scheiß. Alles aus dem Hirn blasen. Meine Augen tränen vom Rauch, die Luft ist heiß und stickig, und es stinkt nach Schweiß und Kippen. Ich will in mein Bett.
Draußen stehen lauter Leute, ich lauf an ihnen vorbei, ohne den Kopf zu heben. Vielleicht stehen die beiden ja da. Ich hab wieder den verdammten Knoten im Hals, und die Haarspange hab ich auch verloren. Hinter der Halle fange ich an zu rennen, ich muß die Bahn oben an der Bundesstraße noch kriegen, sonst kann ich den ganzen Weg laufen. Ich mach die Augen bis auf einen Schlitz zu, daß ich gerade noch meine Füße sehen kann und nicht gegen die Leitplanke laufe. Blinder Dauerlauf. Ich zähle im Zehnerpack meine Schritte, und immer wenn hundert voll sind, mache ich einen Finger mehr zur Faust. Sieben, acht, neun, achtzig, eins, zwei, drei, vier ... Meine Ohren rauschen, und ich höre nur noch mein Hecheln und die Stiefel auf der Straße klacken. Ich kriege Seitenstechen, muß mit der Rennerei aufhören, und dann fährt die Bahn oben vorbei.

Die Musik dröhnt noch bis hier oben hin. Jetzt tanzen die alle da unten, mindestens vierhundert Leute machen eine rauschende Ballnacht, und ich lauf allein durch die laue Sommernacht. Es ist alles, wie ich's mir in meinem Liebesfilm ausgedacht hab, nur ganz wider Erwarten ohne Happy End, jedenfalls für mich. Gerade in dem Augenblick, als der Hauptdarsteller die Hauptdarstellerin küssen sollte, kam die Nebenbuhlerin und hat den reinen und tugendhaften Prinzen mit ihren teuflischen Reizen ins Reich der Liebe entführt. Und das arme Milchmädchen mit der dicken Nase wird ihr Lebtag lang auf ihrem Schemel sitzen und die Kühe melken. Und wahrscheinlich führt der Königssohn da unten die Pißnelke gerade auf die Veranda, die rosenumrankte, und zieht sie verlangend an sich. Küßt ihr einen heißen Liebeskuß auf ihre kirschroten Lippen ...
Das Komische ist, daß ich gar nichts fühle, ich bin nicht traurig und eifersüchtig, irgendwie ist mir auf einmal alles scheißegal. Ich hab so viel Kraft da rein gesteckt in den letzten Wochen, mein Hirn hat nur noch für den gedacht und mein Herz für ihn gebubbert. Jetzt ist es, als hätte ich wahnsinnig Zahnweh gehabt und hätte eben meinen Backenzahn gezogen bekommen. Keine Schmerzen mehr, nur noch das dicke und taube Gefühl im Gesicht. Ich bin wie betäubt.

Am nächsten Tag muß ich im Bett bleiben, ich hab Fieber und kann noch nicht mal Schule schwänzen, weil Sonntag ist. Und draußen scheint die Sonne, da sind alle anderen am See und baden. Schnupfen, Husten, Heiserkeit, wo sind die Tempos mit Mentholgeruch. Der Schädel brummt, und jedesmal wenn ich husten muß, sprengt's mir fast den Kopf. Am Mittag kommt der Hausarzt und guckt mir in den Rachen, klopft mich ab und verordnet mir eine ganze Batterie von Pillen und Tabletten und Tropfen und Salben zum Einreiben und sagt, daß ich auf jeden Fall im Bett bleiben muß.
Ich darf noch nicht mal aufs Klo gehen, ohne daß Mami schaut, ob ich auch meine Pantoffeln an hab. Ich muß doch gesund werden, damit wir nach Spanien fahren können. Schlafen, schlafen, schlafen, den ganzen Sonntag schlafen.

Im Fiebertraum seh ich Michi in meinem Zimmer rumlaufen, er zieht seine Kreise wie ein gefangenes Tier, immer hin und her. Aber er sieht mich nicht, ich sage leise seinen Namen. Er hört mich nicht, ist wie unter einer Glasglocke. Plötzlich fängt der Teppich an zu brennen, ich will ihn warnen, schrei: Michi! Paß auf! Aber er hört mich immer noch nicht.
Dann wach ich schweißgebadet auf, Mami steht mit dem Telefon in der Hand da und sagt: »Für dich.«
»Ja?«
»Ich bin's.«
Michi. Es ist Michi. Der Schweiß wird eiskalt, und ich muß husten.
»Bist du krank?«
»Ja. Husten und so.«
Schweigen.
»Du Arme.«
Wieder langes Schweigen. Und dann hör ich mich wie automatisch sagen:
»Ich hab geträumt von dir.«
»Ja?«
»Ja, eben grade.«
Ich komm mir saublöd vor, das ist ja die reinste Liebeserklärung, die ich ihm da im Fieberwahn mache!
»Was hast du denn geträumt von mir?«
»Ach, ich hab ... du warst ... ich mein, du warst bei mir und das Feuer dann, und ich wollte dich ... ich hab's vergessen.«
Verdammte Stille am anderen Ende. Warum krieg ich bloß mein Maul nicht auf! Und dann sagt er:
»Soll ich mal kommen?«
»Jetzt gleich?«
»Ja, jetzt gleich.«
Was ist, wenn Mami ihn wieder wegschickt, weil ich krank bin? Aber ihm sagen, daß er wegen meiner Mutter nicht kommen kann, geht auch nicht.
»Ja, dann komm. Tschau.«
Ich häng sofort ein. Herzklopfen. Jetzt gehts um die Wurst. Mami kommt wieder rein.

»Der hat aber 'ne nette Stimme.«
»Der kommt gleich hierher, Mami.«
Alles O.K., die schickt ihn nicht wieder weg. Ich muß mir die Zähne putzen, bloß nicht aus dem Maul stinken, wenn ich's schon nicht aufkrieg. Und meine Haare, die sind total strähnig und platt vom Fieber. Aber zum Waschen reicht die Zeit nicht mehr, außerdem würde sie mir auf's Dach steigen, wenn ich mir jetzt den Kopf naß mache. Ich renn ins Bad, mit Pantoffeln, schrubb mir die Zähne wie wild, und dann hör ich unten auch schon sein Moped. Ist ja ganz schön schnell gegangen. Ab ins Bett, die blöden Pantoffel kick ich drunter, die sehen ja aus, als wäre ich gerade mal zehn geworden.

Er setzt sich auf mein Bett.
»Du bist ja ganz blaß im Gesicht.«
»Ja.«
Ich rutsch ganz tief in die Kissen und zieh die Decke über die Nase.
»Frierst du? Soll ich das Fenster zu machen?«
»Ja.«
Dabei frier ich gar nicht, im Gegenteil, mir läuft die Brühe runter. Er steht auf und schließt das Fenster. Draußen wird es langsam dunkel. Soll ich das Licht neben dem Bett anmachen? Nee, lieber nicht, es ist ganz gut so, da hab ich mehr Mut.
»Warum bist du denn gestern weggerannt?«
Der geht ja auf Frontalkurs, und ich kann nicht ausweichen. Fragt mich mitten ins Gesicht. Was soll ich denn sagen, verdammt nochmal, ich kann doch nicht sagen: Weil du dich mit der Pißnelke geknutscht hast. Haben die sich überhaupt geküßt? Eigentlich hab ich's ja gar nicht gesehen.
»Bist du wegen mir weggelaufen?«
»Ja.«
Wie oft hab ich denn jetzt schon »Ja« gesagt, hab ich überhaupt schon was anderes von mir gegeben, als dieses dumme »Ja«?
»Ja, ich bin weggelaufen, weil ... wegen dir und der Simone.«
Jetzt ist's raus, jetzt weiß er's.
»Ist doch nicht dein Ernst.«

»Doch.«
»Aber da ist doch gar nichts mit der und mir, wir blödeln halt so rum manchmal ... und außerdem will ich die gar nicht.«
Er will sie nicht. Und jetzt wird er auch noch rot, jedenfalls ein bißchen, das kann ich sogar im Dunkeln sehen. Mann, ist das eine Schwergeburt mit uns beiden, müssen uns gegenseitig aus der Nase ziehen, was wir hören wollen. Plötzlich verselbständigt sich meine Zunge:
»Ich hab von dir geträumt vorhin, als du angerufen hast. Da bist du im Traum in meinem Zimmer rumgelaufen, und ich hab deinen Namen gesagt, aber du hast mich nicht gehört, und dann hat's auf einmal angefangen zu brennen, der Teppich hat gebrannt, und ich wollte dich warnen. Ich hab geschrien wie verrückt, aber du hast mich nicht gehört.«
»Und dann?«
»Dann hast du angerufen, und ich bin aufgewacht.«
»Ich mein, hast du mich gerettet?«
»Nee, du sitzt doch hier. Hier bei mir.«
Er schaut mich an, nimmt meine kalte feuchte Hand und lacht:
»Also doch gerettet.«
Und auf einmal liegen wir uns in den Armen, er drückt mich und küßt mich, und ich schwitz und frier, und mir dreht sich alles.

WER MIT WEM?
HOMOSEXUALITÄT & HETEROSEXUALITÄT

Enge und intime Beziehungen, die Mädchen mit Mädchen haben und Jungen mit Jungen, schließen oft auch sexuelle Erlebnisse ein. Aufregende Berührungen, Kußspiele, gegenseitiges Onanieren - viele haben solche Erfahrungen gemacht. Meistens richten sich die sexuellen Wünsche dann aber doch auf das andere Geschlecht, Mädchen verlieben sich in Jungen und Jungen in Mädchen.

Aber nicht wenige Jungen und Mädchen merken irgendwann, daß sie sich sexuell und erotisch nur oder vor allem von dem jeweils eigenen Geschlecht angezogen fühlen, Jungen fahren auf Jungen ab und Mädchen auf Mädchen.

Darüber müßte man nicht weiter nachdenken, wenn Homosexualität in unserer Gesellschaft mit der gleichen Selbstverständlichkeit gelebt werden könnte wie die Heterosexualität. Aber das ist nicht so; auch wenn in letzter Zeit vor allem bei jüngeren Leuten die Einstellung zu Homosexuellen positiver geworden ist, werden Schwule und Lesben immer noch diskriminiert und verachtet.

Bis 1969 wurde die Homosexualität unter Männern gesetzlich verfolgt und bestraft. Weibliche Homosexualität dagegen wurde und wird in der BRD nicht strafrechtlich verfolgt, was wohl ein Ausdruck dafür ist, daß weibliche Sexualität in einer von Männern beherrschten Gesellschaft nicht so ernst genommen wird.

Über die Entstehung der Homosexualität gibt es die unterschiedlichsten Theorien, die sich widersprechen. Einige Wissenschaftler meinen, daß sie biologische Gründe habe, mit Hormonen oder der körperlichen Konstitution zusammenhänge oder mit den Genen vererbt werde, andere machen psychische Konstellationen in der frühen Kindheit dafür verantwortlich. Wieso der eine Mensch homosexuell wird, der andere heterosexuell, ist für den, der so ist oder anders, vollkommen unwichtig. Homosexualität hat es immer und in fast allen

Gesellschaften gegeben, aber nicht immer galt Homosexualität als etwas Unnatürliches, Unnormales, als etwas *Schlechteres* als die Sexualität zwischen Mann und Frau.

Der Wert und die Bedeutung der Sexualität für das Leben jedes Menschen liegt in dem Glück, das sie verschaffen kann – ob du mit einem Mann oder mit einer Frau glücklich wirst und mit welchem oder welcher, mußt du selbst sehen.

Für viele Frauen heute, die sich entschieden haben, mit einer Frau zu leben, bedeutet diese Entscheidung mehr als die gemeinsame Sexualität: es ist auch eine Absage an die Normen einer Gesellschaft, die auf die Bedürfnisse von Männern zugeschnitten sind, und die so oft verhindern, daß Männer und Frauen sich nicht nur gleichberechtigt, sondern auch gleichwertig begegnen.

In einer Gesellschaft, in der Homosexualität diskriminiert wird, in der bei schwulen Männern das »weibische« und bei lesbischen Frauen das »männliche« verachtet wird, kann es weder Frauen noch Männern gutgehen, und auch nicht beiden zusammen. Das Verhältnis einer Gesellschaft zu ihren homosexuellen Mitgliedern ist wie ein Spiegel ihres allgemeinen Verhältnisses zur Sexualität. Mädchen und Jungen, die sich homosexuell fühlen, müssen sich stark machen. Überall gibt es inzwischen Treffpunkte von Lesben und Schwulen, wo sie Erfahrungen austauschen, über ihre Probleme und Fragen reden können und sich nicht verstecken müssen.

ANDERSRUM

Ich weiß nicht, wann ich zum ersten Mal davon gehört habe, jemand sei »lesbisch«. Aber ich spürte, daß »lesbisch« etwas Geheimnisvolles und Schlimmes sein mußte. Es hatte mit Frauen zu tun, die »es« nicht mit Männern, sondern mit Frauen machten.
Schon vor dem Wort hatte ich Angst. Irgendwas konnte bei mir nicht stimmen, weil ich mich immer wieder in Mädchen oder in eine junge Frau verliebte.
Mit Hilfe von Lexika und psychologischen und medizinischen Büchern versuchte ich rauszukriegen, was mit mir los war. Jeder Mensch habe in der Pubertät eine homosexuelle »Übergangsphase«, erfuhr ich. Und: Homosexualität komme bei Männern und Frauen vor und sei die »gefühlsmäßige und sexuelle Zuneigung zum eigenen Geschlecht«. Leider handelten die Bücher fast immer nur von Jungen und Männern. Manchmal erkannte ich etwas von mir wieder und erschrak gleichzeitig, z.B. wenn da stand, daß einer immer seinen Freund umarmen und küssen will. Immer wieder habe ich mir gesagt: Du bist eine Lesbierin. Aber wenn »lesbisch« etwas rein Sexuelles ist? Dann bist du's nicht, denn bei dir ist doch alles ganz anders!
Tina und ich spielten zusammen in einer Musikgruppe. Wir kannten uns nur oberflächlich, denn sie ging in eine andere Schule. Außerdem machte sie gerade Abitur, ich war erst dreizehn. Eines Tages, nach einer Probe, aus der ich sehr unglücklich heimkam, weil ich schlecht gespielt hatte, erfuhr ich, daß auch Tina geweint hatte. Die Vorstellung, daß Tina geweint hatte, machte mich unruhig. Ich mußte plötzlich sehr oft an sie denken und freute mich auf die nächste Probe. Wir saßen nebeneinander, und ich beobachtete sie heimlich. Ich wünschte, die Probe würde nie enden. Von da an lebte ich nur noch für die Probenabende. Nachts träumte ich von Tina. In den Träumen konnte ich ihr nah sein, darum waren die Nächte tröstlich. Am Tag vermißte ich sie, wurde davon so geplagt, daß ich ihr Bild ständig vor Augen hatte, daß ich ihre Stimme hörte. Ich suchte nach Möglichkeiten, sie »zufällig« zu treffen, hatte bald ihren Stundenplan raus, so

daß ich ihr morgens auf dem Schulweg begegnen konnte. Nach und nach nahm es meine ganze Freizeit in Anspruch, sie irgendwo zu suchen oder in ihrem Viertel Fahrrad zu fahren, in der Hoffnung auf eine Begegnung. So wahnsinnig ich mich auf den Probendonnerstag freute, so verzweifelt war ich, wenn alles vorbei war. Ich verstand nicht, was mit mir passiert war. Es kam mir krankhaft vor, und ich nannte mein Gefühl für Tina Leidenschaft. *So heftig, wie ich Tina liebte, würde nicht mal ein Junge seine Freundin lieben. Meine Lage war aussichtslos.*
Ein Jahr später hörte ich zufällig eine Radiosendung mit Interviews lesbischer Frauen. Sie erzählten, wie sie ihr Lesbischsein entdeckt hatten. Die einen hatten sich schon immer nur in Mädchen verliebt, andere waren nach einem erotischen Erlebnis mit einer viel älteren Freundin lesbisch geworden, wieder andere entdeckten erst in unerfüllten Beziehungen mit Männern, daß sie sich nach anderen Frauen sehnten. Ich erinnere mich, daß ich Herzklopfen bekam, eine panische Angst überfiel mich, ich wollte das Radio ausmachen, war aber zu neugierig. Was diese Frauen erzählten, war anders als das, was ich gelesen hatte. Sie sprachen nicht von abnormer Sexualität, sondern von Gefühlen, die ich kannte. Und sie hatten nichts mit den dunkelhaarigen Frauen zu tun, die in obszöner Haltung auf einer Seite des Sexlexikons abgebildet waren und irgendwie »verrufen« aussahen.
Es war ein richtiger Schock. Mir war, als hätte ich von einer unheilbaren Krankheit erfahren, an der ich litt. So *wollte ich nicht sein, von allen verachtet und mit mir selbst entzweit. Ich versuchte, meiner Mutter von dieser Angst zu erzählen. Sie fand, ich spinne. In meinem Alter sei man doch noch in der Entwicklung, und es sei normal, daß ich mich mehr für Mädchen interessiere. Später würde ich schon den Jungen kennenlernen, der zu mir passen würde.*
Ich begann mich selbst zu beobachten, um mir zu beweisen, daß die Wahrheit über das Lesbischsein nicht die Wahrheit über mich sein konnte. Ich fand mich extrem, überspannt *und viel zu intensiv, konnte aber keinerlei sexuelle Wünsche in mir entdecken. Daß mir die Vorstellung, mit einer Frau zu schlafen, fremd, ja abstoßend war, nahm ich als Beweis für meine »Unschuld« und*

»Reinheit«. Diese Vorstellung bildete sich aus dem, was ich über »normale« Liebesbeziehungen wußte. An die Stelle eines Mannes setzte ich eine Frau.

Ich kannte keine lesbischen Frauen, sie kamen in unserer Stadt nicht vor. Meine Eltern erwähnten einmal eine Amerikanerin, die bei Freunden zu Besuch war: die sei sicher »andersrum«. Sie lachten und warfen sich einen vielsagenden Blick zu: arme Irre, schlimmer als 'ne alte Jungfer, unangenehme Person. Ich lernte sie kennen und war abgestoßen. Sie war ziemlich dick, trug das schwarze Haar kurz und steckte in einem Hosenanzug mit Herrenjackett und Krawatte: ein Monstrum, das mich kühl und prüfend anschaute. Trotzdem war ich neugierig und versuchte, sie häufiger zu sehen. Etwas an ihr begann mich zu faszinieren. Mußte ich mich in solche Frauen verlieben, wenn ich mich »glücklich« verlieben wollte?

In der Klasse war ich Außenseiterin. Anders zu sein als die anderen erfüllte mich mit einem gewissen Stolz. Niemandem vertraute ich mich an, mit allen stritt ich mich. Die Jungs waren viel interessanter als die Mädchen, sie dachten über ähnliche Fragen nach wie ich. Als ein Lehrer sagte, Jungen seien politisch und weltanschaulich interessierter als Mädchen, protestierte ich wütend. Aber irgendwie schien er ja doch recht zu haben. Und ich war ja kein »richtiges« Mädchen.

Ich sehnte mich nach einer Freundin, trug ein Idealbild mit mir herum. Sie sollte klüger, reifer, tiefer sein als ich, sie sollte so sein, wie ich gern gewesen wäre. Keines der Mädchen, in die ich verliebt war, entsprach diesem Bild. Mit einer freundete ich mich an. Einmal übernachtete ich bei ihr. Wir hörten im Dunkeln Platten und lagen nebeneinander auf dem Fußboden. Sie legte den Kopf an meine Schulter und streichelte mein Gesicht. Ich war aufgeregt und zugleich wie gelähmt. Wir schliefen im selben Zimmer. Ich lag fast die ganze Nacht wach; die Zärtlichkeit, die ich für sie empfand, war quälend. Sie war ganz nah, ich hörte ihren Atem und sah den Umriß ihres Kopfes auf dem Kissen und nie, nie würde es möglich sein, sie zu berühren. Damit wäre unsere Freundschaft zerstört, das war sicher.

Am nächsten Tag sagte sie mir, wie gern sie mich hätte. Dann vertraute sie mir an, sie sei in einen Jungen aus meiner Schule verliebt und etwas Schöneres als diese Freundschaft mit ihm könne es gar nicht geben. Das traf mich wie ein Schlag. Wäre sie in ein anderes Mädchen verliebt gewesen, ich hätte eifersüchtig und gekränkt sein können. Das wäre eine normale Ablehnung gewesen. Aber daß sie sich von ihrer liebsten Freundin ab- und einem Mann zuwandte, das machte sie für mich unerreichbar und verurteilte mich zum Schweigen und zur Einsamkeit.

Ich beschloß, mich nur noch um Männer zu kümmern. Mit 15 lernte ich einen Orchestermusiker kennen. Er sah anziehend aus und hatte ein nettes und offenes Lachen. Ich entdeckte Symptome des Verliebtseins an mir. Er diente mir als Alibi und war Gegenstand meiner allabendlichen Phantasien. Nach wenigen Wochen ging er in eine andere Stadt, und ich konnte ihn ganz zum umschwärmten Bild werden lassen.

Alles wurde anders, als ich Claudia kennenlernte. Wir freundeten uns an. Obwohl sie erst sechzehn war wie ich, studierte sie schon an der Hochschule Cello, dort hatte ich einmal in der Woche Geigenunterricht. Sie holte mich jedesmal ab, und wir gingen zu ihr und redeten, bis ich zum Zug mußte. Die alte Unruhe und Sehnsucht, die ich seit Tina nicht mehr erlebt hatte, kehrte zurück. Claudias unglückliche Liebesgeschichte mit einem älteren Mann quälte mich, ich versuchte aber, ihr zuzuhören und zu helfen. Bald war diese Beziehung das einzige Gesprächsthema. Sie schien mich zu mögen, war sehr lieb, umarmte mich oft spontan. Ich war wieder ganz uneins mit mir, weil ich wußte, daß diese Zärtlichkeiten für mich eine ganz andere Bedeutung hatten als für sie. Ich bekämpfte den Egoismus und die Eifersucht in mir und sah staunend einer Liebenden zu, die etwas lebte, zu dem ich nie in der Lage sein würde. Als sie mich fragte, warum ich so bedrückt sei, sagte ich nur, daß ich wohl unfähig sei, echt zu lieben. Nach einigen Wochen lud ich sie zu uns nach Hause ein. Wir schliefen in meinem Zimmer und unterhielten uns die ganze Nacht. Claudia war sehr verzweifelt, und ich legte mich neben sie ins Bett und versuchte, sie zu trösten. Ich streichelte ihre Stirn und schmiegte mein Gesicht an ihres. Sie beruhigte sich und hörte auf zu reden. Plötzlich war sie sehr nah, drückte ihren Körper fest an mich und nahm mich in den Arm. Ich spürte ihren Atem an meiner Wange und nahm wie im Traum war, daß ihre Lippen meinen Mund streiften. Dann küßten wir uns und schmusten miteinander, bis es hell wurde. Erschöpft schliefen wir ein. Am nächsten Tag war mir alles ganz unvorstellbar, irgendwie ungeheuerlich. Ich war glücklich und zugleich beängstigt. Nichts war wie vorher.

Je näher wir uns kamen, je mutiger wir wurden, desto klarer wurde uns, daß wir zu zweit einsam und allein waren in einer Umgebung, in der es Homosexualität nicht gab. Nach einigen Tagen rief mich meine Mutter zu sich. Sie hatte irgendwie geahnt, was zwischen Claudia und mir passiert war. Sie warnte mich. Diese »Phase« könnte einmal sehr verhängnisvoll für mich werden. Ich sei gefährdeter als Claudia, weil ich im Gegensatz zu ihr noch nie in einen Jungen verliebt war und sehr spröde, ja asexuell sei. Claudias unbewußte Sexualität, ihr heftiges Liebesbedürfnis könne an mir frei werden, fand meine Mutter. Ich wisse doch, daß viele Menschen durch solche Beziehungen homosexuell geworden seien. Das wäre schade für mich, denn die Freundschaft mit einem Mann sei viel reicher und spannender, einfach weil Männer viel interessanter und andersartiger seien als Frauen. Was für ein Jammer, wenn ich aus solchen Erfahrungen ausgeschlossen sein würde! Außerdem bedeute Homosexualität lebenslange Einsamkeit, Verzweiflung, nie Erfüllung. Immer Angst, Verstecken, Selbsthaß, setzte ich für mich hinzu und dachte, solch ein Leben wäre die Hölle. Meine Mutter riet mir, »das Andere« aufzusparen, die Freundschaft mit Claudia auf rein seelischer und geistiger Verständigung beruhen zu lassen.
Ich tat empört und wehrte mich gegen ihre »Verdächtigungen«. Wir hatten uns doch nur gerne und waren eben intensive Menschen. War das verboten? Claudia war nicht lesbisch, das hatte ich selbst gesehen, und ich wußte, daß ich es nicht sein dürfte. Also benannte ich die Dinge um: wir waren nicht ineinander verliebt, sondern hatten »uns alles gesagt«; wir hatten nicht miteinander geschlafen, sondern waren uns »sehr nahe gekommen«. Klar war nur eins: wir mußten alles verheimlichen.
Wir trafen uns jede Woche für wenige Stunden. Manchmal ver-

paßte ich absichtlich den Zug und übernachtete bei ihr. Die Spannungen zu Hause wurden immer größer. Meine Mutter verbot mir, am Wochenende zu ihr zu fahren. Ich fuhr trotzdem. Es gab einen Riesenkrach, meine Eltern warfen mir Unreife und pubertäres Verhalten vor und verlangten, daß ich mich von Claudia »distanzieren« solle. Die Freundschaft sei zu extrem und würde mir schaden.

Als ich 18 war, zog ich zu Hause aus und mit Claudia zusammen. Wir hatten wenig Freunde, weil wir endlich ungestört miteinander leben wollten und das Versteckspiel satt hatten. Aber ich litt unter der Isolation. Wir wurden mißtrauischer gegen die »komischen« Blicke, die die Leute in der Hochschule uns zuwarfen. Oder bildeten wir uns nur ein, daß man über uns redete? Die entscheidende Veränderung setzte ein, als wir auf einer linken politischen Veranstaltung zum ersten Mal Frauen sahen, die sich küßten. Ich beobachtete verstohlen, wie eine Frau ihre Freundin von der Seite ansah und bekam Herzklopfen. Sowas hatte ich noch nie gesehen, kannte es aber nur zu gut! Diesen Blick würde ich nie vergessen, so mußte ich selber ausgesehen haben, wenn ich die Frauen angeschaut hatte, in die ich so furchtbar verliebt war. Es gab also wirklich Frauen, die andere Frauen liebten, und sie waren keine Ungeheuer, sie sahen nicht unglücklich aus, nicht verrückt, sondern sympathisch, wach und offen.

An einem der folgenden Wochenenden besuchten Claudia und ich meine Eltern. Als wir vom Bahnhof durch die altbekannten Straßen der kleinen Stadt gingen, hatte Claudia mir den Arm um die Hüfte gelegt. Wir hatten es satt, immer darauf zu achten, daß wir ja nicht auffallen, wir hatten genug von unserer Feigheit und der freiwilligen Unterwerfung unter die »Normalität« unserer Umwelt. Plötzlich sah ich auf der anderen Straßenseite einen Mitarbeiter meines Vaters uns entgegenkommen, den ich seit langem kannte. In panischem Schreck stieß ich Claudias Arm weg und tat so, als sei an meiner Jacke was nicht in Ordnung. Es war eine blitzschnelle Reaktion, und ich hatte alles vergessen, was wir uns vorgenommen hatten. Claudia verstand erst überhaupt nichts und war verletzt. Ich erklärte ihr, daß mein Vater in Schwierigkeiten kommen könne, wenn der Kerl da drüben rum-

erzählt, daß die Tochter des Chefs mit einer Frau undsoweiter. Claudia fand das total übertrieben. Viele Frauen gehen doch untergehakt oder Hand in Hand, da denkt doch keiner was. Aber ich hatte Angst.
Solche Rückfälle passierten noch häufig. Ich war oft feige und wankelmütig und zweifelte an meiner Liebe und meinem Lesbischsein. Aber in meiner Selbstverachtung erkannte ich viel von der Frauenverachtung in unserer Gesellschaft wieder, die sich auch in den Worten meiner Mutter ausgedrückt hatte: Männer sind interessanter, spannender, klüger als Frauen.

SEILTANZ ZWISCHEN ANGST UND NEUGIER

Vom Küssen. Zum Knutschen. Zum Fummeln. Zum Vögeln. Vom Küssen zum Knutschen ist's nicht weit, vom Knutschen zum Petting auch nicht, und schon gar nicht vom Petting zum Vögeln. Und doch liegen manchmal Abgründe dazwischen.
Für's Küssen gibt's viele Gründe und Gelegenheiten. Man küßt sich zur Begrüßung, zum Abschied, aus Freude, zum Trost, zum Dank oder einfach nur mal so. Küssen ist mehr als nur ein Händeschütteln, aber meist denken sich weder Küsser(in) noch Geküßte(r) viel dabei.
Es sei denn, man ist verliebt. Ein Kuß mit Verliebe bekommt auf einmal einen völlig anderen Wert, eine neue Bedeutung, und man überlegt sich dreimal, ob oder ob nicht, und wenn doch, dann wann und vor allem wohin und wie.
Leider treten dabei auch so unangenehme Begleiterscheinungen auf wie Hemmungen und die Angst, sich zu blamieren. Die machen's einem nicht leichter, selbst wenn man mit der Freundin schon diverse Kußlektionen – von zärtlich und liebevoll und innig bis zu leidenschaftlich, heiß und stürmisch geübt hat. Der merkt sicher, daß ich noch nicht in echt hab oder: wenn ich den jetzt küsse, dann will der vielleicht mehr ...
Jungs haben dabei genauso viele Hemmungen. Jede(r) macht die Erfahrung, aber in der Regel gewinnt – oft erst nach einigen Anläufen – bei jeder(m) die Lust auf Lust und Liebe. Wenn man den ersten Kuß vor der Haustür erlebt hat, der auf dem Kinn oder sonstwo statt auf dem Mund gelandet ist, und wenn sich die Gesichter so nah nicht mehr fremd sind, der Geruch des anderen einem bekannt geworden ist, so daß man regelrecht »aufatmet«, ihn wieder in der Nase zu haben. Wenn man soviel Vertrauen zu sich und dem Geliebten bekommen hat, faßt man sich beinahe automatisch an, streichelt sich, küßt sich.
Wenn dann der ganze Körper ins Ineinander-verliebt-Sein einbezogen wird, beginnt der Seiltanz zwischen Angst und Neugier. Die Angst vor dem Neuen und Unbekannten, nicht zu

wissen, wie's genau geht, Angst, was falsch zu machen, ausgelacht zu werden. Vielleicht geh' ich doch zu weit, bin mir noch gar nicht sicher, ob ich mit dem anderen schon so viel will, und ob ich es noch schaffe, rechtzeitig halt zu sagen. Aber es bleibt die Neugier auf's Neue, endlich mal dahinter steigen, hinter dieses Geheimnis von Liebe *und* Lust. Wie ist das, das geile Gefühl, den anderen nicht nur im Kopf und im Herz, sondern am ganzen Körper zu fühlen. Liebesspiele ausprobieren ...

Ausprobieren ist ein Teil der Liebesspiele, der sexuellen Entdeckungsreise ...

Voraussetzung dafür ist, daß ihr euch (bei aller Erregung und Aufgeregtheit) entspannen könnt, und das hängt von den Bedingungen ab, von der Ungestörtheit, dem Raum und der Zeit, die ihr habt, von dem Vertrauen zu sich und dem anderen, von dem Gefühl der Sicherheit auch, weil das Problem mit der Verhütung geklärt ist.

Körperlich ist die Erregung damit verbunden, daß der Puls höher schlägt und der Atem schneller geht. Bei Mädchen (bei vielen, nicht bei allen) ziehen sich die Brustwarzen zusammen (das ist ein gutes, wohliges Gefühl), die kleinen und die großen Schamlippen und der Eingang der Scheide schwellen durch die erhöhte Blutzufuhr an, der innere Teil der Scheide wird länger und weiter. Die Scheidenschleimhaut sondert eine Flüssigkeit ab, die Möse wird feucht. Die Klitoris wird auch ein bißchen größer.

Beim Jungen wird der Schwanz steif und größer, das sind keine Muskeln, die sich spannen, sondern Schwellkörper, die sich mit Blut füllen, ähnlich wie die Schamlippen. Oft tritt schon vor dem Orgasmus an der Eichel eine klare Flüssigkeit aus, der sogenannte »Sehnsuchtstropfen«, in dem auch schon Samenzellen enthalten sind.

Die Erregung steigert sich bis zum Höhepunkt, dem Orgasmus. Der Orgasmus beim Mädchen ist mit einem lustvollen, in Wellen vor sich gehenden Zusammenziehen der Möse verbunden, beim Jungen spritzt die Samenflüssigkeit in kurzen

Stößen aus dem Schwanz. Danach klingt die Erregung ab, beim Jungen schneller als beim Mädchen, der Schwanz wird schlaff, und es dauert eine Weile, bis er wieder steif werden kann. Frauen können mehrere Orgasmen hintereinander haben.

Natürlich spürst du nicht »erhöhte Blutzufuhr« oder »schneller Atem«. Was du spürst, ist die Geilheit, der Wunsch nach Berührungen. Wo und wie es einem gut tut, kann man sich mitteilen, mit Worten oder Gesten. Und das muß man auch im eigenen Interesse. Denn woher soll der andere sonst erfahren, was dir guttut und gefällt? Der Orgasmus wird bei Frauen von der Klitoris ausgelöst, und mit der kommt oft der Schwanz beim Vögeln nicht direkt in Berührung, aber die kleinen Schamlippen, die den Schwanz umspannen, bilden, wo sie zusammengewachsen sind, ein kleines Bändchen, das zur Klitoris führt. Bei den Bewegungen des Pimmels in der Möse wird darüber auch die Klitoris mit bewegt und erregt. Aber für viele Frauen ist der Reiz, der dadurch entsteht, nicht stark genug, für sie geht's erst richtig los (und ab), wenn die Klitoris mehr in »Mit-Leidenschaft« gezogen wird, zum Beispiel zusätzlich mit den Fingern gestreichelt wird.

Alle Liebesspiele sind erlaubt, solange es beiden Spaß macht; ob ihr euch streichelt oder leckt oder vögelt, in welcher Stellung, ob der Mann unten liegt oder die Frau, jede und jeder hat da besondere Vorlieben, die ihr mit der Zeit rauskriegt. Eins ist wichtig, Lust und vor allem der Orgasmus hat viel mit Gefühl, mit Loslassen, mit sich hingeben können zu tun, von beiden natürlich. Dann kommt er von selbst – aber manchmal oder öfter auch nicht. Er ist kein »muß«, eher ein »kann«, eine (besonders tolle) Möglichkeit, Sexualität zu erleben.

LOGO LIEB ICH DEN!

Eine aus dem Viertel direkt neben der Schule war in meiner Klasse. Sie hieß Katti, war meine Freundin und hatte einen ziemlich dicken Busen, der mich dermaßen faszinierte, daß ich so oft wie möglich hinglotzte, und jedesmal dachte ich dasselbe: Mein Gott, diese wogenden und wallenden Brüste. Das hatte ich irgendwo mal gehört; aber ich beneidete sie nicht um diese Riesendinger, einer so groß wie eine Honigmelone.
Manchmal unternahmen wir nach der Schule gemeinsam kleinere Raubzüge im Einkaufszentrum und ließen mitgehen, was zwischen unsere hemmungslosen Pfoten kam. Wir taten das nicht oft, und ich glaube auch nicht, daß wir richtige Diebinnen waren, ich meine, wir waren keine Kriminellen in dem Sinn, sondern machten das mehr aus Spaß am Sammeln.
Sie trug einen Büstenhalter, das wußte ich, weil sie mir ihre neuesten Modelle immer vorführte. Anfangs waren es noch rote und gelbe Baumwoll-BHs, aber mit der Zeit wurden sie schicker, aus Stretch und mit Spitzen und Körbchen.

Einmal saßen wir während einer geschwänzten Englischstunde im Mädchenklo, den Hintern auf drei Papierrollen, und pafften Kimfürmännerhändevielzuschade. Wir waren gerade mal wieder auf Streifzug gewesen und breiteten unsere Errungenschaften voreinander aus. Ich hatte wie meistens nur Schrott gestratzt: Drei Herrentaschentücher mit den Initialen T.S., eine Familienpakkung Hühneraugenpflaster, Allzweckkleber, Abführkekse und ein T-Shirt. Katti war besser dran, die hatte gleich zwei Mohairpullover, eine Thermoskanne, etliche Haarspangen und ihren obligatorischen Busenbändiger, diesmal etwas weniger schön, in hautfarben, zum vorne zumachen. Sie zog ihr Hemd und den Lieblings-BH aus, ein Spitzentraum in weiß, der zwischen den Körbchen, da wo normalerweise ein Blümchen oder Schleifchen war, ein goldenes Schlüsselchen hatte und mindestens einhundert, wenn nicht sogar mehr Mark gekostet hätte. Dieser BH, das mußte ich zugeben, war wirklich ein Prachtstück, er war so schön, daß ich bei seinem Anblick schon fast bedauerte, nicht auch so ein tolles Ding tragen zu können. Dann entdeckte ich noch eine Flasche mit einer rosa Flüssigkeit, die sie auch aus dem Center mitgebracht hatte. »Was is'n das?«

»Lohschen.«

»Was?«

»Lohschen. Waschlohschen.«

»Du meinst Lotion?«

»Ja. Zum Waschen.«

»Ist mir schon klar, daß es nicht zum Saufen ist.«

»Und damit wasch ich mich da unten.«

Aha, das war Intimwaschlotion. Bisher hatte ich nur Intimspray kennengelernt, das ich meiner kleinen Schwester und mir ins Haar gesprüht hatte, in der Annahme, es sei Haarspray.

»Wäschst du dich nicht, du Sau?«

»Doch, klar wasch ich mich, meistens jedenfalls.«

Tatsächlich wusch ich mich höchst selten. Dann und wann mal war eine Badewanne fällig, spätestens wenn die Socken abends stehen blieben. Ansonsten putzte ich mir morgens und abends die Zähne, machte gelegentlich Katzenwäsche.

»Du wäschst dich nicht jeden Tag oder was?«

Jetzt war ich dran, ich altes Ferkel. Ein paar Wochen vorher war ich nackt durchs Wohnzimmer gelaufen, und meine Mutter hatte mich gefragt, wann ich denn das letzte Mal gebadet hätte. Das ging durch Mark und Bein. Ich stank. Und zwar so sehr, daß meine Mutter, die mehrere Meter entfernt war, es riechen konnte. Ich stieg sofort in die Wanne und schrubbte mich mit Seife und Bürste in einen sonnenbrandähnlichen Zustand, der Kopf wurde gleich dreimal eingeschäumt. Aber soweit ich mich erinnern konnte, war das auch das letzte Mal, und das war wie gesagt schon ein paar Wochen her ... Vielleicht stank ich ja inzwischen schon wieder? Klar, nach wochenlangem Nichtbaden mußte ich ja stinken wie ein alter Tiger!

»Stink ich etwa oder was?«

»Nee, aber Frauen müssen sich jeden Tag waschen, damit man nix riecht.«

Sie legte den neuen BH an, schlüpfte durch die Bändel wie in eine

Jacke und wollte die Öse zumachen, aber dieser Büstenhalter war viel zu klein, er war mehr ein Büstenquetscher.
»Aber was soll man denn da riechen?«
»Na den Fisch.«
»?«
»Dann stinkt man eben nach Fisch!«
»Wer man?«
»Frauen.«
Frauen stanken also nach Fisch, nicht nach altem Tiger. Aber ich roch ja anscheinend nach nichts, weder nach dem einen noch nach dem anderen.
»Also ich wasch mich nicht jeden Tag.«
Katti machte die Öse wieder auf.
»Mann, ist der eng, da krieg ich ja Glupschaugen von!«
»Warum haste den denn so klein geklaut?«
»Das mußte schnell gehen, und da hab ich mich in der Größe vertan.«
Sie warf ihn hinter sich, er landete halb im Klo.
»Du wäschst dich nicht jeden Tag?«
»Nein.«
»Und wenn einer beikommt?«
Jetzt wußte ich keine Antwort mehr, darüber hatte ich noch nicht nachgedacht, was wäre, wenn das mal passiert, und ich dann auch noch fischig stinken würde. Ich tat so, als würde ich nicht verstehen, was Beikommen ist.
»Was meinst'n mit beikommen?«
»Na, Petting oder Pimpern.«
Wieder ein neues Wort für Vögeln, es gefiel mir gut, klang nach viel Erfahrung. Katti war durch ihre älteren Brüder immer auf dem Laufenden, von ihr hatte ich alles gelernt, was mir meine Geschwister entweder vorenthielten oder selbst nicht wußten. Jedenfalls erzählten nicht die mir, wie ficken geht, sondern Katti, die sich jetzt einen von den Pullovern überstreifte. Er sah gut aus, hatte zwar eine komische Kackfarbe, aber saß wie angegossen.
»Ich pimper doch nicht.«
»Echt nicht?«
»Das hätte ich dir doch gesagt, wenn was gelaufen wäre.«

»Will der Kai denn nie?«

Der wollte nie, wir knutschten bei jeder Gelegenheit, was das Zeug hielt, und hatten auf Kattis Party vor zwei Wochen ganz schön rumgefummelt, aber zum Äußersten war es noch nicht gekommen.

»Nein, wir haben noch nicht gepimpert.«

»Der ist ja nicht normal, das hab ich ja noch nie gehört, daß einer nicht will!«

Intimlotion, Intimspray, Intimbereich. So langsam erfaßte ich die Zusammenhänge: der wollte nicht, weil ich roch, und das tat ich, weil ich dieses Zeug nicht benutzte. Auf der Flasche stand: Damit Sie sich frisch und wohl fühlen.

»Hast du schon mal?«

»Logo hab ich schon mal. Schon oft.«

Das war glatt gelogen! Einmal*, das hätte ich ihr gerade noch abgenommen, aber* schon oft *war voll gelogen. Das eine Mal haute mich aber um. Warum hatte ich nichts davon gemerkt, es hieß doch immer, dann würde ein Mädchen zur Frau werden, aber Katti war bis auf ihren Busen alles andere als eine Frau.*

»Wann denn?«

»Gestern zum Beispiel.«

»Und mit wem?«

»Sag ich nicht«, zickte sie rum, als wäre es unwichtig für mich, mit wem meine beste Freundin es treibt.

»Los, sag schon, mit wem.«

»Na also gut, aber sag's niemand weiter ... es war der Tommi Schwengler!«

Ausgerechnet der! Mit dem wollten doch fast alle Mädchen gehen, so gut wie der aussah. Der gefiel ja sogar mir, obwohl ich ihn eigentlich nicht leiden konnte.

»Und ihr habt so richtig rumgemacht?«

»Logo, so richtig.«

»Mit reinstecken?«

»Klar mit reinstecken.«

Katti strich sich über ihre Arme und räkelte sich, streckte ihre Superbutzies so weit es nur ging raus und gähnte mit einem kleinen langgezogenen Schrei:

»Und es war wahnsinnig schön für mich, und er fand mich sehr sweet und fraulich, hat er gesagt.«

»Er fand dich was?«

»Fraulich und sweet. Das heißt soviel wie süß, verstehst du?«

Ich war hin- und hergerissen zwischen einem Lachanfall und einem Neidanfall. Zu mir hatte noch keiner solche Sachen gesagt, dazu kam, daß Katti sich nicht an unsere Abmachung gehalten hatte, nämlich daß wir einander treu sind und uns alles erzählen. Vor allem hatten wir vereinbart, solange auf die andere zu warten, bis sich für beide gleichzeitig die Gelegenheit ergeben würde. Wir wollten gemeinsam diese bedeutende Sache erleben, sozusagen synchron, damit keine der anderen was voraus hatte. Und jetzt war sie im Alleingang zur Entjungferung angetreten. Ich war ganz schön sauer!

»Los, erzähl schon.«

»Los erzähl, los erzähl, was soll ich denn groß erzählen?«

»Wie's war, und was ihr genau gemacht habt.«

»Zuerst haben wir geknutscht, ziemlich wild. Wir waren beim Mannes in der Wohnung, der war mit dem Kohli beim Squashspielen bis um halb zehn, und dann haben wir halt erstmal nur so rumgemacht.«

»Gefummelt oder was?«

»Halt geknutscht und gefummelt und dann Petting gemacht.«

»Der bei dir, oder du auch bei dem?«

»Erst der nur bei mir, und dann auch ich bei ihm. Warum willst'n das alles so genau wissen?«

Die hatte Nerven, ich mußte doch wissen, was auf mich zukam.

»Und?«

»Was und?«

»Der Pimmel.«

»Der war ganz warm und so. Wie halt Pimmel so sind, Mann.«

»Der war warm*?«*

»Ja, richtig heiß würde ich sagen.«

Das war neu für mich, ich dachte Pimmel wären eher kühl.

»Und weiter?«

»Es war sehr schön. Wunderbar, einfach wunderbar, er war sehr zärtlich zu mir.«

»Liebst du den?«
»Logo lieb ich den, schließlich haben wir was zusammen.«
»Weiter, was war dann?«
»Dann haben wir noch eine kleine Weile Petting gemacht, und als Dallidalli kam, hat er die Glotze ausgemacht und gesagt, daß er mich liebt. Da war alles O.K. und aus war's nur mit Petting, dann haben wir gepimpert, Kleine.«
Katti grinste und streckte sich, stieß wieder diesen Lockschrei aus und legte ihre Hände unter ihre Butzies, kokettierte vor mir, als wäre ich der Schwengler.
»Habt ihr echt gefickt, lügst du mich auch nicht an?«
Sie wollte mir noch nicht mal Einzelheiten verklickern, wo sie es schon ohne mich getan hatte. Es war eine echte Schweinerei, und ich wollte ihr eins reinwürgen:
»Ich hab mal gehört, daß der in die Frauen reinpißt.«
Das hatte ich tatsächlich gehört, von einer, die auch schon mal was mit dem hatte. Katti bekam Riesenaugen.
»Was hast du gehört?«
»Der pißt in die Frauen rein.«
Sie lachte wie verrückt los, eine von den Klopapierrollen rutschte weg, sie kippte um und hielt sich auf dem Boden liegend den Bauch.
Ich war beleidigt.
»Ich krieg mich nicht mehr! Der schifft doch nicht in die Frauen, das ist von wenn's ihm kommt, du Huhn! Das machen alle Männer, das ist Sperma. Verstehst du, S-P-E-R-M-A!«
»Habt ihr nicht aufgepaßt?«
Ich führte mich auf wie meine Mutter persönlich, dabei war es mir scheißegal, ob sie aufgepaßt hatten oder nicht. In Wirklichkeit war ich voller Neid.
»Doch, Pariser.«
»Hat es weh getan?«
»Nein, natürlich nicht.«
»Und geblutet?«
»Auch nicht.«
Es war nichts zu machen, die ganze Sache hatte Hand und Fuß und war ihr offenbar durch nichts zu vermiesen.

»Kannst die Rotzfahnen haben mit T.S. Und die Kekse auch, die brauch ich nicht.«
Sie schenkte mir einen von den gutsitzenden Pullovern in Kackfarbe, und weil sie merkte, wie gekränkt ich war, auch noch die Lotion. Das versöhnte mich wieder, es war immerhin eine Art Entschuldigung von ihr.
Als wir die Mädchentoilette wieder verließen, schielte ich nochmal nach dem BH mit Frontverschluß, er hätte mir bestimmt gepaßt, wäre höchstens ein ganz kleines bißchen zu groß gewesen, aber ich traute mich nicht, ihn rauszufischen, nicht vor Kattis Augen.

DAS ERSTE MAL

Ich mag dich

Der Plattenspieler summte. Paula machte die Augen auf und sah das grüne Lämpchen neben Pauls Kopf.
»Willst du die Platte umdrehen?« fragte sie.
Pauls Gesicht lag an ihrem Hals.
»Nein«, sagte er. Und als sie aufstehen wollte: »Bleib so liegen.« Seine Hand lag auf ihrem Bauch, ein Bein angewinkelt auf ihrem.
Sie redeten über Verreisen, dahin, wo es warm ist. Wo es immer warm ist, wo man leben kann mit wenig Geld.
Vielleicht, überlegten sie, kann man hier arbeiten und Geld sparen und dann dort leben, solange das Geld reicht.
»Magst du Italien?« fragte Paula. Er antwortete nicht. Seine Hand wanderte zu ihrem Busen. Sie hielt die Luft an und vergaß ihre Frage. Sie klemmte seine Hand mit ihrem Arm ein und kicherte: »Das kitzelt.« Sie ließ die Hand wieder frei.
Er streichelte ihren Busen. »Schon wieder.« Paula lachte.
»Hör auf zu lachen«, sagte er.
Er legte sich auf sie. Sie stemmte ihre Hände gegen seine Schultern. »Mann, bist du schwer.«
Er blieb liegen und küßte sie. »Du bist gefangen. Ergib dich!«
Sie griff unter seinen Pullover und kniff ihn. Er sollte brüllen, Aua schreien, um Gnade bitten.
Er nahm ihre Hand weg und zog sie an seinen Bauch. Sie fühlte das Weiche, die Härchen, den Bauchnabel, den Gürtel. Ihre Hand rührte sich nicht. Wollte ausreißen, zurück auf den Rücken. Er drückte seinen Bauch gegen ihre Hand, hielt sie fest.
Seine Lippen waren an ihrem Ohr. »Ich will mit dir schlafen«, flüsterte Paul.
Sie erschrak. Wie früher, als sie Fahrradfahren lernte und ihr Vater sie das erste Mal losließ und rief: »Du fährst ja allein! Du kannst es!« Da war sie umgekippt und hatte geheult.
»Ich will mit dir schlafen.« Der Satz nahm ihr die Unbefangen-

heit, schob sich zwischen sie und Paul. Machte aus ihrem Spiel ernst. Jetzt hatte, was sie machten, einen Namen, ein Ziel. Sie hätte lieber wortlos weitergemacht, vielleicht so weit, wie er jetzt sagte. Das wußte sie nicht. Wollte sie nicht wissen. Jedenfalls nicht vorher. Hinterher hätte sie sagen können: Wir haben zusammen geschlafen. Es wäre einfach passiert.
So passiert wie in dem Film, wo der Mann die Frau auf den Nakken küßte. Die Frau hatte ein seidenes Unterkleid an. Sie hatten sich umarmt und waren sanft aufs Bett gefallen. Alles sah lautlos aus. Lautlos schön.
Die Decke kratzte sie am Rücken. Der Schweiß auf ihrer Haut wurde kalt. Sie zitterte.
Plötzlich sah sie sich selber zu, wie sie mit Paul auf der Matratze lag, Paul auf ihr liegend, ihre Beine ineinander verschlungen, ihr T-Shirt bis zum Hals hochgeschoben, der Reißverschluß ihrer Jeans offen. Ihre Hand auf seinem Bauch.
Sie hörte Schritte. »Da kommt jemand!«
»Du hörst Gespenster«, flüsterte er, »meine Mutter kommt erst am Abend.«
Er stand auf. »Ich schließ ab.«
Sie sah ihn zurückkommen und dachte: Ich mag dich. Sie wollte es ihm sagen. Er hatte es vorhin gesagt. Er hat nicht soviel Angst, sowas zu sagen, dachte sie. Ist sowieso viel freier.
Sie sagte es nicht.
Er zog die Schnürsenkel von ihren Turnschuhen auf und fragte: »Willst du?«
Sie nickte und sagte: »Laß, das mach ich selber«, und zog den anderen Schnürsenkel auf. Sie dachte: Ich zieh mich nicht aus, weil ich müde bin. Ich zieh mich aus, um mit Paul zu schlafen.
Die Turnschuhe plumpsten auf den Fußboden. Sie dachte an die Frau im seidenen Unterkleid und fühlte sich nicht so schön. Sie hatte Angst vor dem Ausziehen und dem Nacktsein. Sie wollte schnell unter die Decke.
Paul umarmte sie.
»Hast du Angst?«
Ja, dachte sie. Nein, dachte sie.
»Nö«, sagte sie.

»Du?« fragte sie.
»Nö«, sagte er.
Sie legte sich wieder auf den Rücken. Er legte sein Gesicht wieder an ihren Hals, ein Bein auf ihrem, die Hand auf ihrem Bauch. Die Decke kratzte wieder.
»Die Decke kratzt«, sagte sie.
»Komm runter! Hier ist es weicher.« Er streckte die Beine unter die Decke.
»Hier ist es schön warm«, sagte sie in sein Hemd. Seine Hand lag auf ihrem Bauch. Sie streichelte ihren Busen, wieder den Bauch. Sie spürte, wie die Hand zögerte, weiter nach unten wanderte, bei den offenen Jeans ankam. Ihr wurde heiß.
»Mir ist heiß!« sagte sie.
»Luft!« japste sie und wedelte die Decke hin und her. »Ich ersticke!«
Er küßte ihr den Mund zu.
Ihre Hand lag auf seiner Hüfte. Sie spürte seine Haut zwischen Gürtel und dem rausgerutschten Hemd. Sie schob das Hemd höher, wollte ihn ausziehen.
»Ich trau mich gar nix«, flüsterte sie.
»Zieh die Jeans aus«, flüsterte er zurück.
Sie schüttelte den Kopf.
»Hast du Angst?« fragte er.
Sie nickte. »Ein bißchen. Jedenfalls vor dem Ausziehen.«
Er zog an ihren Jeans. »Ich zieh die aus.«
»Nein«, sagte sie. »Doch«, sagte sie.
Gesicht an Gesicht, Nase an Nase, Mund an Mund schoben und zogen sie die Jeans runter. Bis zum Knie. Da blieb sie hängen.
»Die ist so eng.« Paul versuchte, die Jeans weiter runter zu kriegen. Paul streichelte ihren Bauch und schob eine Hand in ihre Unterhose.
»Die blöden Jeans stören mich!« Sie warf die Jeans aus dem Bett, dann die Unterhose, das T-Shirt.
Sie legte sich schnell neben ihn, zog die Decke hoch, legte die Hände auf ihren Bauch und sagte: »Ich bin jetzt ausgezogen.« Sie machte die Augen zu und hörte, wie er: »Scheißknöpfe« sagte und wie seine Jeans auf die Erde fielen.

Er zog die Decke über ihre Köpfe.
Sie fühlte mit ihrer Zungenspitze seine Lippen, und er murmelte: »He, Paula.«
Sie sagte: »Ich mag dich, Paul.« Sie dachte: Endlich hab ichs gesagt, und umarmte ihn und küßte ihn.
Sie spürte seinen Schwanz an ihrem Bauch.
Ihr fiel Marlene ein, wie die von ihrer Mutter und der Pille erzählt hat.
Sie rutschte ein Stück von ihm weg.
»Was hast du?« fragte Paul.
»Nix«, sagte sie. »Ich hab grad an Marlene gedacht.« - »Nicht an Marlene, an die Pille hab ich gedacht. Marlene wollte mir welche geben.«
»Achso«, sagte er und legte sich auf den Bauch. Sie hörte ihn atmen. Dann fragte er: »Und hast du sie?« Sein Gesicht lag auf seinen Armen.
Sie überlegte »Ja« zu sagen und einfach so mit Paul zu schlafen. Es war fast dunkel im Zimmer. Paula hörte das Summen vom Plattenspieler. Draußen fuhr ein Auto. Die Scheinwerfer beleuchteten einen Moment die Decke. Sie sah die Flecken an der Decke und die Sprüche an der Wand. Das Auto fuhr vorbei. Es war wieder dunkel.
»Nein«, sagte sie. »Ich hab keine.«
Er sagte nichts und lag immer noch mit dem Gesicht auf seinen Armen.
Sie sagten beide nichts.
Sie versuchte, die Sprüche an der Wand zu lesen, aber es war zu dunkel. Sie guckte zum grünen Lämpchen vom Plattenspieler, drehte den Kopf zur Seite und sah die Bücher von Paul im Regal. Sie dachte: Warum sagt der nichts? Er lag so weit weg von ihr und rührte sich nicht.
Sie fragte: »Hast du was?«
Er hob den Kopf und langte mit dem Arm zum Plattenspieler, drückte den Knopf und sagte: »Nö! Der blöde Plattenspieler geht mir auf die Nerven.«
Sie sagte schnell: »Mit der Pille, das ist nicht schlimm. Ich krieg bald meine Tage.«

Er antwortete nicht.
»Was hast'n du da?« fragte sie.
»Was schon! Pariser«, sagte er verlegen.
Sie hörte, wie er die Schachtel aufmachte und sagte sofort: »Das will ich nicht, das will ich nicht!«
»Du bist verrückt, Paula.« Paul fummelte weiter an der Schachtel. »Und wenn was passiert?«
»Es passiert nichts. Ich hab doch gesagt, ich krieg bald meine Tage.« Sie hielt eine Hand von ihm fest. »Dann kann nichts passieren.«
»Ehrlich?« fragte er unsicher.
»Ehrlich«, wiederholte Paula und drängte sich dicht an Paul.
Sie küßten sich.
»Nie im Leben würde ich das damit machen«, hatte Paula zu Kiki gesagt, als sie hinter einer Parkbank einen gebrauchten Pariser liegen sahen. Sie hatten sich den Mann damit vorgestellt, und die Frau dazu, und hatten gelacht.
»Ach, naja, aber ohne ist es leichtsinnig«, hatte Kiki gesagt.

Ich bin nicht leichtsinnig, dachte Paula, meine Tage kommen bald. Das wußte sie sicher.
Die kommen unregelmäßig, dachte sie, vielleicht schon morgen. Dann fiel ihr ein: Und wenn sie erst in zwei Wochen kommen? Na und, dachte sie und schob den Gedanken weg.
Paula drückte ihren Bauch an Pauls. Sein Bauch ist auch naß, dachte sie. Seine Finger streichelten ihre Musch.
Paula wollte aufstehen. Sich anziehen. Angezogen mit Paul hier liegen. Wie sonst. Quatschen und Musik hören und Honigbrote essen.
Paul war ihr zu nah. Sie machte die Beine zusammen.
Paul sagte leise: »Paula, ich hab Schiß ohne. Ich nehms doch.«
So wie Paul das macht, ist gar nichts dabei, dachte sie und streichelte ihn.

Sie spürte, wie er mit der Hand versuchte, seinen Schwanz in ihre Musch zu kriegen. Sie waren beide aufgeregt. Sie dachte, daß es weh tun könnte. Sie machte die Beine auseinander, bewegte sich

hin und her, damit es leichter ging. Das war ein schönes Gefühl an ihrer Musch.
Dann traute sie sich, seinen Schwanz anzufassen.
Sie fühlte den Schwanz an ihrer Musch.
Jetzt ist es passiert.
Sie fühlte seinen Schwanz in ihrer Musch.
Paul und Paula bewegten sich, atmeten laut, hörten ihren eigenen Atem.

Es war anders als sie es sich vorgestellt hatte. Es hatte nicht weh getan. Es war warm. Fast heiß.
Sie war froh, daß alles so war wie's war. Daß sie Paul im Arm hatte. Wie sie's gemacht haben.
Sie waren naßgeschwitzt.
Er murmelte: »Es ging so schnell.«
Er streichelte sie.
»Ich würde gerne stundenlang so mit dir liegen«, sagte Paula.
»Können wir ja.«
»Können wir nicht«, sagte Paula. »Ich muß bald gehen.«
Paula fiel ein, wie Paul am Anfang gesagt hatte: Ich will mit dir schlafen. Jetzt fand sie es gut, daß er es gesagt hatte.
Es war nicht einfach passiert.
Sie wollte mit Paul schlafen, und sie hat mit Paul geschlafen.

Ein paar Wochen später

»Ich geh wahrscheinlich mit Paula ins Kino«, sagte Paul.
Klette war am Telefon, fragte, was er macht.
»Wie denn, was denn?« sagte Klette. »Die ist doch auf einem Fest mit Baumi.«
»Was ist die?«
»Hat er mir jedenfalls gesagt.«
»Mit Baumi auf einem Fest hast du gesagt?«
»Ja«, sagte Klette. »Nimms nicht tragisch. Weiber sind so.«
Paul legte auf und wählte Paulas Nummer.
»Das gibts doch gar nicht«, murmelte er.

Ihre Mutter war dran.
»Ist Paula da?«
»Paula ist auf einem Fest. Sie sind vor einer Viertelstunde gegangen.«
»Achso!«
»Hat sie dir das nicht gesagt?«
»Mir? Nein. Ja. Ist ja auch egal. Also, Wiedersehen.«
»Auf Wiederhören, Paul.«
Er legte auf. Blöde Tucke. Er blieb am Telefon stehen. Die Hand auf dem Hörer. Mit Baumi also. Ausgerechnet mit Baumi. Das hätte er sich denken können. Aus. Alle wußten es, nur er nicht. Scheiße!
Er knallte den Hörer noch mal auf die Gabel.
So ist das also. Er schmiß sich aufs Bett. Ihm war zum Heulen. Er sah, wie Paula mit Baumi eng tanzte, sah sie am Boden liegen und knutschen. Baumi, dieser eingebildete Affenarsch.
Ich bin ihr zu wenig, klar. Paul geht nur auf die Realschule.
Warum hatte er sich auch verliebt. Ich hätte mit ihr vögeln sollen, mehr nicht. So wie Steiffi. Der hat keine Probleme damit. Der nimmt, was kommt.
Er sah Baumi und Paula Hand in Hand über den Schulhof gehen und hörte Klette lachen. Klette lachte ihn aus. Ich halt das nicht aus, dachte er. Ich hau ab. Ich schlag den Scheißtypen zusammen und hau ab. Irgendwohin trampen. Er sah das Foto von Paula. Er riß es runter, zerknüllte es und warf es gegen die Wand.

Paul ging in der großen Pause nicht auf den Schulhof. Er wollte Paula und Baumi nicht sehen, das Kichern und Tuscheln nicht hören. Klette nicht begegnen.
Er hatte schlecht geschlafen. Hatte geträumt, daß er ins Café geht, und alle sitzen am Tisch und keiner begrüßt ihn. Er setzt sich allein an einen Tisch ans Fenster. Er sieht Paula über die Straße kommen. Sie kommt ins Café. Alle am Tisch begrüßen sie. Sie geht auf den Tisch zu, beugt sich über Baumi und küßt ihn.
Paul hatte seinen Kopf auf die Arme gelegt und geheult. Er fühlte, wie ihn jemand im Haar kraulte. Paula, träumte er.
»Aufstehen, Paul!« Es war seine Mutter.

Paula wartete nach der Schule auf ihn.

Er tat, als hätte er sie nicht gesehen und wollte an ihr vorbei.

»Hallo, Paul!« Sie knuffte ihn, sah ihn an:

»Wie siehst du denn aus? Ärger gehabt?«

»Laß mich in Ruhe!« Er stieß sie weg. Sie stolperte.

»Spinnst du? Was ist denn los mit dir?«

»Was soll schon los sein? Frag nicht so blöd. Sag schon, daß Schluß ist und daß du in Baumi verknallt bist.«

»Hast du nicht mehr alle?«

»Halt mich doch nicht für blöder als ich bin.« Er starrte sie wütend an. »Du warst doch mit Baumi gestern auf so einer Scheiß-Fete.«

»Ja und!?«

»Alle wußten es, nur ich nicht.«

»Kann ich doch nichts dafür«, sagte Paula.

»Kann ich doch nichts dafür!« Pauls Stimme schnappte über.

»Du bist gemein, eine gemeine Kuh bist du!« Er wollte sie nur noch beschimpfen. »Laß dich doch dämlich ficken! Hau doch ab!«

Fassungslos starrte ihn Paula an.

»Bist du verrückt geworden!?«

»Laß mich in Ruh!«

Der Bus kam. Er nahm seine Tasche und stieg ein. Er sah Paula. Sie soll kommen, dachte er. Die Türen schlossen sich. Sie schaute ihm nach. Dann sah er sie quer über die Straße in Richtung Café gehen.

Jetzt geht sie ins Café und trifft sich mit Baumi, dachte er. Ihm war kotzübel.

Er stieg bei der nächsten Haltestelle aus. Er ging in den Stadtpark. Es war saukalt. Er wünschte sich eine Lungenentzündung.

Warum begreift die nicht, daß mir das so gemein weh tut, dachte er. Wir haben doch zusammen geschlafen. Die kann doch nicht einfach zu einem anderen gehen.

Er hatte sich das alles so schön vorgestellt. Die Schule zu Ende machen und dann abhauen, mit Paula, in den Süden. Und jetzt haut die ab. Geht einfach ab mit Baumi.

Er trat gegen einen Stein.

Ich kapier das nicht. Warum macht sie denn alles kaputt? Vielleicht bin ich ihr zu schlecht im Bett. O Scheiße. Die kann mich doch nicht einfach im Wind stehen lassen.
Er ging zur Telefonzelle.
Ihr Bruder war am Apparat.
»Hallo, Paul!«
»Ist Paula da?«
»Nee, die ist noch nicht aus der Schule zurück.«
Im Café mit Baumi, dachte Paul. Paul weiß es.
»Sag ihr, daß ich angerufen hab.«
Er hängte ein.

Und Paula saß mit Baumi im Café.
»Wär schön, wenns so wäre«, sagte Baumi. »Für mich jedenfalls.«
»Mensch, sei doch mal ernst.« Paula hatte ihm alles erzählt. Sie war sauer auf Paul. Der hatte ja noch nicht mal gefragt, hatte nur rumgebrüllt, nichts hören wollen. Blöder Typ.
»Und warum hast du ihm wegen der Fete nichts gesagt«, will Baumi wissen.
»Der braucht doch nicht alles zu wissen.« Paula war gereizt. »Ist doch nichts dabei, oder?« Sie machte eine Pause. »Aber irgendwie hab ich mir schon gedacht, daß der komisch reagiert.«
Baumi zog die Schultern hoch. »Tja, erste Liebe!«
»Was soll ich'n jetzt machen?« fragte Paula.
»Red halt mit ihm.«
»Ich hab aber keine Lust, daß der mich wieder anrotzt.«
»Dann rotz halt zurück«, sagte Baumi.

Paul wartete auf Paulas Anruf. Konnte nichts machen als warten.
Paula mußte jetzt zuhause sein. Wahrscheinlich aß sie gerade. Er stellte sich vor, wie sie aß. Ruhig natürlich. Mit Appetit natürlich. Sie lachte natürlich. Daß es ihm schlecht ging, war ihr natürlich egal.
Oder war sie mit Baumi zusammen?
Es klingelte. Paul hob sofort ab.
Sie war es. Heiß fuhr es ihm durch den Bauch.

Cool bleiben, dachte er.
»Paul, ich muß mit dir reden.«
»Warum?«
»Jetzt gleich.«
»Ich hab keine Zeit«, sagte er.
»Ich will dich sehen«, sagte sie.
»Na, gut. Wo?«
»Kann ich zu dir kommen?«
»Okay. Bis gleich!« Er legte sich aufs Bett und wartete.

Paula stand an der Wand. Er lag auf der Matratze und hatte sich auf die Ellbogen gestützt. Er rauchte.
»Kann ich mal das Fenster aufmachen?« fragte Paula.
»Nein. Mir ist kalt!«
Pause.
Paula setzte sich auf den Schreibtisch. Sie sah ihn an. Wußte nicht, wie sie anfangen sollte.
»Ich muß noch Schulaufgaben machen«, sagte er.
Scheiße, dachte er, sie soll was sagen.
»Paul, wegen gestern ...«
»Geschenkt«, unterbrach er sie. »Ist eben so.«
»Was ist so?« schrie sie. »Daß ich abhauen soll. Daß ich 'ne gemeine Kuh bin? Daß ich mich dämlich ficken soll? Oder was?«
»Nein.« Er drehte sich auf die Seite. »Daß du jetzt mit Baumi gehst. Paul ist out, futsch, weg!«
»Du spinnst doch!«
»Wieso?« sagte Paul und guckte hoch, »ist doch so, oder?«
»Was ist so? Ich war gestern mit Baumi auf 'ner Fete. Und? Wir haben getanzt. Ja! Na und?«
Paul hatte hingehört. Jetzt kam er sich blöde vor. Sie war mit Baumi auf 'ner Fete. Na und?! Und sie haben getanzt. Na und?! Eifersucht, dachte er.
»Und warum haste nichts gesagt?« fragte er, immer noch mißtrauisch.
»Ich hab nicht dran gedacht.«
»Das ist doch Quatsch!« sagte Paul. »Klette hat's gewußt. Deine Mutter und alle. Nur ich nicht.«

»Wir sind ja nicht verheiratet, oder?« sagte sie.
»Biste mit Klette auch nicht, oder?« sagte Paul.
»Ich hab schon dran gedacht«, sagte sie. »Aber was hätte ich denn machen sollen? Dir's vorher sagen? Da wärste vielleicht sauer geworden. Dich fragen, ob ich gehen kann? Das ist blöd. Das ist ja wie um Erlaubnis fragen. Und dann hab ich mir gedacht: Gehste einfach. Weil ich auch Sachen alleine machen will.«
»Gehen wir zusammen oder nicht?« fragte er.
»Ja, aber deswegen kann ich doch mit'm Freund auf 'ne Fete gehen, oder?«
»Mit'm Freund! Mit deinem Freund Baumi!«
»Ja und?«
»Und was bin ich dann?«
»Du bist mein Freund«, sagte Paula und sah ihn an.
»Und ich hab dich lieb.«

ANGSTGESPENSTER: FRIGIDITÄT UND IMPOTENZ

Spätestens in Mathe hört man was davon: Potenzen. Da geht mit Sicherheit ein Wiehern durch die Klasse. Fragt der Lehrer: »Was ist drei hoch fünf?«, ruft einer »Gruppensex!«. Die ganze Klasse lacht, der Lehrer besteht auf der Frage. »Na?« Keine Antwort. Und der Nachbar flüstert: »Keinen hochgekriegt.« Der Mythos von Männlichkeit und Manneskraft begleitet alle Jungs von klein auf. Sie müssen ihren Mann stehen, selbst wenn ihnen zum Heulen ist. Wer Gefühle zeigt, gilt leicht als Weichling und Versager. Angst, Schwäche und Unsicherheit – Tränen sowieso – gelten als weibisch. Wer so in den Augen seiner Freunde nicht sein will, der fühlt sich ständig gezwungen, seine Männlichkeit bzw. was er dafür hält, unter Beweis zu stellen. Der idiotische Männlichkeitswahn, der sich unter anderem auch in einem »ewig« stehenden Schwanz, in der ständigen Potenz ausdrückt, setzt viele Jungen so unter Druck, daß sie beim Sex »ihren Mann nicht mehr stehen können«. Zum Leistungsdruck kommt die Angst vorm Versagen, und wenn einem das öfter passiert, kann es zu einem Problem werden, mit dem man allein nicht mehr fertig wird.

Keine Lust spüren hängt bei Mädchen oft damit zusammen, daß sie sich »überrumpelt« fühlen, eigentlich noch gar nicht richtig wollen, jedenfalls nicht so schnell, und deshalb die Lust an sich und dem anderen nur schwer akzeptieren können. Der eigene Körper und die direkte Nähe des anderen sind ihnen fremd. Und wenn der Junge auch noch zu schnell zur Sache kommt, weil er mit der eigenen Unsicherheit zu kämpfen hat und nicht weiß, daß Mädchen körperlich und psychisch oft länger brauchen, um erregt und geil zu werden, dann geht's oft schlecht aus, und das Mädchen hat nichts davon gehabt.

Frigide und impotent? – Noch lange nicht. Über die Hemmungen, Ängste und Befürchtungen reden, sich entspannen, wohlfühlen und lachen, dann kommt die Lust irgendwann von allein zurück. Vielleicht nicht gleich, aber beim nächsten oder übernächsten Mal. Das ist leichter geschrieben, als in der

Situation gemacht, aber lieber einmal schwer geredet, als an dem Problem zu tragen.
Natürlich gibt es frigide Frauen und impotente Männer. Aber die Worte werden benutzt, um zu diskriminieren. Das macht Angst. Frauen und Mädchen, die keine Lust fühlen, haben Erfahrungen gemacht, die ihnen die Lust ausgetrieben haben (vgl. 132), und Männer, die keinen hochkriegen, ebenfalls.
Bei Jugendlichen ist es meistens ein Problem, das sich mit der Zeit löst. Manchmal hängt es auch nur schlicht damit zusammen, daß du an den falschen Freund oder auch ans falsche Geschlecht geraten bist.

ONE MORE TRY

Meine tolle Freundin Suse. Mit der kann ich stundenlang tratschen, ohne daß es auch nur eine Minute langweilig wird. Weiberklatsch, bis uns die Zungen raushängen und die Stimmen heiser werden.
Mit keiner kann ich so lachen wie mit ihr. Jede Menge Dreckwitzchen und Zoten. Unser Lieblingsthema sind natürlich die Herren der Schöpfung – bis zum Gehtnichtmehr. Wir und unsere Jungs. Wenn die wüßten, was wir beide uns schon alles erzählt haben, die würden uns für immer aus der Stadt jagen. Vor allem die, mit denen wir beide schon mal was hatten.
Und Suse ist so schön. Sie sieht aus wie eine mittelamerikanische Freiheitskämpferin in ihren zerbeulten, viel zu großen Männerhosen mit den großen Taschen an den Seiten für die vielen Messer und Dolche, die sie im Busch so braucht. Lange schwarze Haare und ein Gesicht, daß ich sie gar nicht oft und lange genug anschauen kann. Ihre dunklen schlauen Lachaugen mit den in der Mitte zusammengewachsenen halbkreisförmigen Augenbrauen, als wären sie mit einem Zirkel gezogen worden. Und diesen Mund aller Münder. Und ihren großen knochigen Körper, den sie katzenhaft ruhig bewegt. Und ihre Hände, ihr langer Hals, ihre breiten Schultern, ihr Busen. Alles ist schön an ihr. Astralleib. Auf der Straße drehen sich sogar die Köter nach ihr um, nach dieser Tigerfrau.
Einmal saßen wir im offenen Küchenfenster, es war Frühling, die Sonne war kurz vorm Untergehen, und wir genossen die letzten Sonnenstrahlen des Tages. Sie nähte einen neuen Reißverschluß in ihre Jackentasche, und ich las aus einem Buch vor, das ich bei dem Mädchen von nebenan aus dem Regal gezogen hatte. Ein Weiberbuch, »Nette Frauen tun es – und ich sage Ihnen wie«, auf dem Umschlag eine Portraitaufnahme der Autorin – amerikanische Expertin für Partnerprobleme: Eine reife, also »erfahrene Frau« in einem hauchdünnen, hochgeschlossenen Etwas, drunter Plaitex Zauberkreuz, mit einem wissenden, fraulichen und geradezu entrückten Lächeln auf ihrem gespannten, x-fach gelifteten

Antlitz. Ich las Suse kichernd vor, was hinten drauf stand: »Auf dieses Buch haben alle Frauen ihr Leben lang gewartet.« Und das Vorwort lockte: »Sie können mehr vom Sex, der Liebe und dem Leben überhaupt haben. In diesem Buch erfahren Sie, wie Sie Schritt für Schritt zur uneingeschränkten sexuellen Erfüllung gelangen können. Sie können jetzt ihr Leben selbst in die Hand nehmen. Als reifer Mensch haben Sie die Möglichkeit, mit allen Tabus zu brechen und einen neuen Lebensstil anzustreben, ein Sexualideal, das auf ihren Vorlieben und Wünschen als Erwachsener basiert.«

Das klang ja wirklich vielversprechend: Schritt für Schritt ... zur uneingeschränkten sexuellen Erfüllung ... Ich blätterte gierig in den Seiten. Eine richtige Gebrauchsanweisung in Sachen Lust und Liebe. Trockenübung Nummer 8: »Lernen Sie Ihren magischen Stoßmuskel zu betätigen.« Es wurde immer besser. Am Schluß der Lektüre sollte eine Frau allen Ernstes fähig sein, 100 (einhundert) Orgasmen in nur zwei Stunden zu kriegen. Alle einskommazwei Minuten ein Abgang, das war ja Hochleistungssport! Und das absolute Nonplusultra war der »Maxi-Orgasmus«, der bis zu einer ganzen Stunde dauern konnte. Wir brüllten und lachten Tränen, ich wäre fast aus dem Fenster gefallen. Und Suse prustete: »Mir würde einer schon reichen!«

Am Abend im Bett dachte ich an den Maxi-Lach-Orgasmus, den dieses Kochbuch in Sachen Ficken bei Suse und mir ausgelöst hatte und plötzlich war der Satz wieder da: Mir würde einer schon reichen. Hatte sie dabei gelacht oder nicht? Sie hatte gelacht, aber irgendwie kam's mir jetzt komisch vor. Ich ging rüber in ihr Zimmer, sie lag in Kleidern auf dem Bett und döste.

»Du, Suse, wie hast du das gemeint mit dem Abgang?«

»Welchem Abgang?«

*»Naja, mit ›*Mir-würde-einer-schon-reichen*‹.«*

»Ja.«

»Wie ›Ja‹?«

»Ich wäre tatsächlich froh, wenn ich endlich mal einen kriegen würde.«

Ich hatte also nicht falsch gehört. Und plötzlich rasselten die gan-

zen Momente an mir vorbei, in denen wir tausend Mal übers Vögeln und alles, was dazu gehört, geredet hatten. Auf die Idee wäre ich nie gekommen ...
»Im Ernst?«
»Im Ernst.«
»Du meinst beim Ficken nicht ...«
»Nein, auch sonst nicht«, sagte sie tonlos.
Ich konnte es nicht fassen:
»Du willst damit sagen, daß du überhaupt noch nie einen gehabt hast. Beim Vögeln nicht, beim Wichsen und beim Lecken nicht und nicht in deinem ganzen Leben?«
»Ja.«
Ich versuchte mir vorzustellen, was in meiner Seele los wäre, wenn ich ...
»Du mußt dich ja beschissen fühlen.«
Sie stierte an die Decke.
»Ach, ich hab' mich fast dran gewöhnt, daß es so ist. Ist mir ziemlich egal geworden. Ich hab's aufgegeben ... ich bin eben so.«
Das klang wie: Ich sterb' ja sowieso irgendwann. Ich wollte sie in den Arm nehmen, aber Mitleid war wahrscheinlich jetzt das allerletzte, was sie brauchen konnte.
»Vielleicht hab' ich ja schon mal einen gehabt und hab's nicht gemerkt.«
»Also wenn du einen Orgi hast, dann merkst du das auch. Der geht nicht spurlos an dir vorbei. Den fühlst du auf jeden Fall.«
»WIE fühlt der sich an?«
»Saugut.«
»WIE gut, was ist das für ein Gefühl, ich kann's mir einfach nicht vorstellen!«
Ich überlegte und überlegte, mir fiel nur blödes Zeug ein:
»Wie ein kleiner Tod.« Und sie kicherte:
»Ich will aber noch nicht sterben.«
»Mensch, was fragst du mich für Sachen, das ist nicht so leicht, einen Orgasmus zu beschreiben ...«
»Versuch's doch mal.«
»Also ... es ist ein tolles Gefühl. Ein ganz tolles sogar ... es ist wie ... es ist ein Gefühl, als ob du explodierst. Nein, eher ›im‹-plodie-

ren, das ist viel besser. Sowas wie ›platzen‹ wäre das völlig falsche Wort ... aber implodieren ist auch nicht ganz richtig ... es ist wie ein kurzer schöner Rausch ...«

»Im Kopf?«

»Nein, in der Möse ... aber im Kopf auch. Sozusagen ein Kopf-und Mösenrausch, ein Mösenrausch, der den Kopf für einen Moment außer Betrieb setzt.«

»Wieso ›Rausch‹, ich denk', das kommt in Wellen?«

»Ja, ein kurzer Wellenrausch. Also auf gutdeutsch ein kurzer schöner Kopf- und Mösenrausch in Wellen.«

Das schien mir eine treffende Beschreibung zu sein.

»Wie lang ist denn der Moment?«

»Nicht so lang. Kommt drauf an.«

»Man hat also ein paar Minuten lang Wellen im Kopf?«

»Nein«, lachte ich, »die Wellen sind in der Möse. Die Wellen sind *der Orgasmus.«*

»Und was ist im Kopf?«

»Der Kopf? In dem ist nichts, der denkt nichts.«

»Der ist also leer?«

»Nein, im Gegenteil, der vögelt mit. Aber der denkt nicht, jedenfalls nicht an was anderes.«

»Und was denkt der in dem Moment, wo man einen Abgang hat?«

»Da denkt der an die Möse. Der fühlt nur noch die Möse – eben ein Kopf- und *Mösenrausch.«*

»Und was ist mit dem Körper?«

»Oh mein Gott Suse, du willst es aber genau wissen – der Körper vögelt natürlich auch, aber du spürst den eigentlich erst danach, da wird er dir bewußt. Dann bist du einfach ko, matt. Ein gutes, mattes Gefühl. Nicht richtig müde, nur schlapp und warm und gut eben. Das ist alles wie eine Mischung aus Segelfliegen und Wasserkochen. Erst ist es kalt, dann wird's handwarm, dann lauwarm. Je wärmer, desto geiler wirst du. Bis es ganz heiß ist, da geht der Höhenflug los. Es siedet. Das ist eigentlich der geilste und schönste Moment, wenn's kurz davor ist. Da weißt du genau: Noch ein paar Sekunden, dann geht's ab. Und wenn's anfängt zu kochen, das Blubbern und Brodeln, das ist der Orgasmus. Du

malst deine Schnörkel und Kurven und Kreise in den blauen Himmel.«
Das fand ich die beste Beschreibung, die traf den Nagel auf den Kopf.
»Und was ist dann? Absturz?«
»Nein, dann hört's auf zu kochen, so als würdest du das Wasser vom Feuer ziehen, aber es ist noch heiß und wird ganz, ganz langsam kalt. Das ist das leise Segeln in der warmen Luft unter den Wolken.«
»Und wann lande ich wieder.«
»Eigentlich erst beim Aufwachen am nächsten Morgen.«
»Ich glaub', ich werd' höchstens lauwarm.«
»Aber geil wirst du doch, oder?«
»Ich weiß es nicht genau ...«
»Bubbert dein Herz?«
»Ja klar.«
»Und willst du dann mehr?«
»Ja, manchmal schon, aber dann fängt mein Kopf an zu spinnen, der denkt nicht daran, an meine Möse zu denken.«
»An was denkt der denn?«
»An alles mögliche. Erst schießt mir irgendwas Idiotisches durchs Hirn, der Fleck an der Wand oder meine Uhr tickt so laut, drei Straßen weiter hupt ein Auto oder draußen auf dem Gang Schritte ... Und dann kommt mir auf einmal die ganze Situation lächerlich vor, ich fang' an, den Typen in Gedanken auseinander zu nehmen. Nicht äußerlich, sondern ich denke: Der macht bloß Turnübungen, der ist nicht zärtlich genug. Der kann *mich gar nicht geil machen ... und dann kann mich das alles mal ...«*
»Mensch, da kommt keiner, der deine Knoten im Kopf aufmacht und dir einen Abgang beschert, daß dir's Blech wegfliegt. Das kannst du nur selbst.«
»Denkst du, ich bin schon so verkorkst, daß ich's mir nur noch selbst machen kann?«
»Quatsch. Du mußt's nur erstmal selbst wissen, bevor's mit einem Mann geht. Der kann doch auch nur ahnen, was dir gefällt. Und wenn du's noch nicht mal selbst weißt, dann kann der's noch viel weniger wissen.«

»Verordnest du mir also Onanie bis zum kleinen Tod?«
»Bis daß der Tod euch eint, dich und deine Möse.«
»Aber wenn ich versuche, mir's selbst zu machen, dann laß ich mich von dem Fleck an der Wand genauso ablenken. Ich lieg' da und warte nur darauf, daß bei denen oben das Telefon klingelt oder eine Tür knallt.«
»Dann mach das Licht aus und die Augen zu und stopf dir was in die Ohren und mach's dir geil im Bett. Du mußt alle Störungen abschalten und deinem Kopf keine Chance geben abzuhauen, verstehst du?«
»Du meinst, dann klappt's?«
»Naja, vielleicht nicht gleich auf Anhieb.«
»Hast du denn immer einen Orgi beim Ficken?«
»Nee, natürlich nicht immer.«
»Und das macht dir nichts aus? Ich meine, bist du denn dann nicht total frustriert, von wegen Spannungen nicht los werden?«
»Ist natürlich netter mit als ohne, aber muß ja nicht immer sein. Man kann ja auch mal vögeln, ohne unbedingt einen Orgi kriegen zu müssen.«
So saßen wir eine Weile im Halbdunkeln. Suse auf dem Rücken liegend, und ich an ihrem Fußende.
»Sag' mal, gibt's da eigentlich verschiedene, ich mein' unterschiedliche Orgasmen?«
»Klar, da gibt's schon Unterschiede. In der Intensität, mal geht's mehr ab, mal weniger.«
»Aber schlechtere und bessere gibt's doch, oder?«
»Nee, Orgasmus ist immer gut, aber ich würde sagen: je verliebter desto schöner.«
Sie lachte und sprang vom Bett.
»Ich geh' jetzt in die Küche und mach' mir 'ne geile Wärmflasche.«

DER NOTWENDIGE GANG ZUM FRAUENARZT

Trotz aller Lästigkeit: die regelmäßige Untersuchung beim Frauenarzt oder bei der Frauenärztin ist notwendig (einmal im Jahr), auch wenn dir gerade nichts »fehlt«, du keine Beschwerden hast, kein Pillenrezept brauchst oder schwanger bist. Die jährliche Kontrolluntersuchung ist auch deswegen wichtig, weil sich Unterleibskrebs – eine nicht so seltene Frauenkrankheit – ausheilen läßt, wenn er rechtzeitig erkannt und behandelt wird.

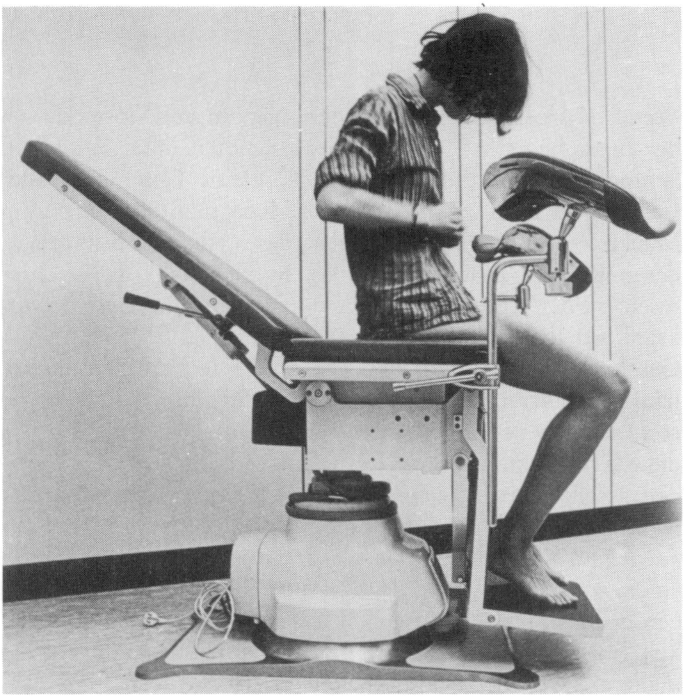

Die Hemmungen, sich auszuziehen und auf den gynäkologischen Stuhl zu setzen, die Beine breit zu machen, überwinden viele Frauen leichter, wenn sie zu einer Ärztin gehen, schließlich kennt sie die ›Situation‹ aus eigener Erfahrung. Wichtig ist, daß du eine Ärztin oder einen Arzt findest, der oder dem du vertraust, die sich Zeit nehmen, um dir zu erklären, was du wissen willst, die eine Atmosphäre herstellen, in der du dich auch getraust zu fragen, wenn du irgend etwas nicht verstehst, die dich nicht mit medizinischen Fachausdrücken verunsichern und im Hemd stehen lassen. Erkundige dich nach solchen Ärzten, und wenn du mit einem nicht klarkommst, geh zu einer anderen.

GESCHLECHTSKRANKHEITEN

Wenn du irgendwelche Veränderungen an der Möse oder an der Brust bemerkst, seien es kleine Knoten unter der Haut, Schmerzen beim Pinkeln, Ausfluß, kleine Geschwüre oder Jucken oder Brennen in und an der Möse, mußt du sofort zum Frauenarzt gehen. Je eher du gehst, desto schneller bist du wieder gesund und desto weniger besteht die Gefahr, daß es chronisch wird. Außerdem könnte es sich um eine Geschlechtskrankheit handeln.

Geschlechtskrankheiten und die in der letzten Zeit immer häufiger auftretenden Pilzkrankheiten können, wenn sie rechtzeitig behandelt werden, schnell ausgeheilt werden. Da diese Krankheiten durch Geschlechtsverkehr übertragen werden, reicht es nicht, wenn nur du zum Arzt gehst. Wenn du was hast, mußt du auch den Freund oder die Freundin, mit der /dem du sexuell zusammen warst, informieren. Scham ist in einem solchen Fall zwar da, darf dich aber nicht zum Schweigen bringen, schon im eigenen Interesse, wegen der Möglichkeit, dich wieder anzustecken. Auch Pilzerkrankungen, die nicht als Geschlechtskrankheiten gelten, können sehr hartnäckig und lästig sein, und wenn dein Freund/deine Freundin nicht mitbehandelt wird, gibt man sie sich wie beim Ping-Pong-Spiel immer wieder zurück. Selbst Symptome, die du für unauffällig hältst, *können*, müssen aber nicht Zeichen für eine Geschlechtskrankheit sein. Keine Geschlechtskrankheit heilt von selber ab. Wenn ihr nur irgendwie den Verdacht habt, geht sofort zum Arzt. Wenn es sich als harmlos herausstellt, umso besser. Man wird übrigens nicht »registriert«, wenn man eine Geschlechtskrankheit behandeln läßt; Ärzte haben auch da Schweigepflicht. Sie sind zwar verpflichtet, Geschlechtskrankheiten dem Gesundheitsamt zu melden, aber das passiert ohne Namensnennung. Nur wenn die Leute, die eine Geschlechtskrankheit haben, nicht beim Arzt zu einer Behandlung erscheinen, muß er den Namen angeben.

Die Geschlechtskrankheit, die bei uns am häufigsten vorkommt, ist der **Tripper** (Gonorrhoe). Tripper wird durch Bakterien, die sogenannten Gonokokken, übertragen, die sich auf den Schleimhäuten der Geschlechtsorgane, des Mundes und des Darmes vermehren können. Jungen merken schneller und deutlicher, wenn sie sich einen Tripper geholt haben: nach zwei bis fünf Tagen kommt es zu Brennen und Schmerzen beim Pinkeln und zu einem eitrigen, grünlich-gelben Ausfluß aus der Harnröhre. Mädchen haben ähnliche Anzeichen: Brennen und Schmerzen im Unterleib, Ausfluß, aber sie sind nicht so deutlich zu merken, weil Mädchen öfter einen vorübergehenden leichten Ausfluß haben. Ein früh erkannter Tripper ist mit Antibiotika leicht zu heilen. Wird er nicht ausgeheilt, kann es zu einer Eierstockentzündung und dem Verkleben der Eileiter führen und damit zu Unfruchtbarkeit kommen. Beim Jungen übrigens auch, ein nicht behandelter Tripper kann bei ihm zum Verkleben der Samenleiter oder Vernarbung der Nebenhoden führen.

Die **Syphilis** ist gefährlicher als der Tripper. Sie wird durch die sogenannten Spirochäten übertragen und nicht ausschließlich durch Geschlechtsverkehr wie der Tripper. Etwa drei

Wochen nach der Ansteckung entsteht ein schmerzloses, hartumrandetes Geschwür (Knötchen) an der Ansteckungsstelle, an der Stelle, wo der Erreger in den Körper eingedrungen ist: an der Möse oder am Pimmel, manchmal auch am After, an der Lippe oder Zunge. Dieses Geschwür ist hochgradig ansteckend. Wird die Syphilis nicht erkannt, verschwindet dieses Geschwür auch ohne Behandlung wieder. Aber die Erreger sind weiter im Körper und verteilen sich über die Blutbahn. Das zweite Stadium der Syphilis bemerkt man als einen nicht juckenden, über den ganzen Körper verteilten Hautausschlag erst Monate später. Auch dieser Ausschlag verschwindet ohne Behandlung wieder. Erst Jahre später kommt es zum dritten Stadium der Syphilis: verschiedene Organe des Körpers werden angegriffen, Herz- und Nervenleiden entstehen, Lähmungen, Blindheit, Gehirnschäden. Eine unbehandelte Syphilis ist tödlich.
Je schneller eine Syphilis erkannt wird, desto leichter ist sie zu behandeln. Wer auch nur den Verdacht hat, sich angesteckt zu haben, soll zum Arzt gehen. Mit einer einfachen Blutuntersuchung kann der Arzt feststellen, ob sich der Verdacht bestätigt.

Beim weichen **Schanker** (ulcus molle) kommt es innerhalb weniger Tage zu großen schmerzhaften Geschwüren. Bei der **venerischen Lymphknotenentzündung** entsteht ein kleines Geschwür in der Leistengegend. Diese beiden Geschlechtskrankheiten kommen bei uns sehr selten vor.

Auch **Trichomonaden, Hefepilze** und **Herpes** werden durch sexuellen Kontakt übertragen, allerdings nicht nur; du kannst dich auch in Schwimmbädern oder öffentlichen Toiletten anstecken oder auch durch gemeinsames Handtuchbenützen mit jemandem, der es hat.

Hefepilze (auch Candiose oder Soor genannt) sind weit verbreitet; durch das Einnehmen der Pille werden die Frauen anfälliger dafür. Symptome für eine Pilzerkrankung sind starker

Juckreiz, ein weißer, zähflüssiger Ausfluß und ein krümeliger, weißer Belag in der Scheide. Die kleinen und die großen Schamlippen sind stark gerötet und etwas geschwollen. Beim Jungen ist die Eichel gerötet und juckt. Auch wenn der Junge nichts spürt, muß er mitbehandelt werden.

Eine Entzündung durch **Trichomonaden** merkst du an ähnlichen Symptomen: die Scheide brennt und juckt, es entsteht ein schaumiger, grüngelblicher Ausfluß, manchmal hast du Schmerzen beim Pinkeln (dann sind die Trichomonaden in die Harnröhre gewandert oder in die Blase). Auch in diesem Fall: der Junge muß mitbehandelt werden.

Herpes ist eine Virusinfektion, die auch über Geschlechtsverkehr weitergegeben werden kann. Herpes kann am Mund auftreten und an der Haut, kleine unangenehme, brennende oder juckende Bläschen. Herpes kommt auch an den Geschlechtsorganen vor: die kleinen Bläschen bilden sich an den Schamlippen oder an der Schleimhaut des Penis. Sie heilen nach einiger Zeit ab, können aber plötzlich wieder auftreten, weil der Virus im Körper bleibt. Die Behandlung ist, wie bei allen Viruskrankheiten, heute noch ein Problem, d.h. eine endgültige Heilung ist - ähnlich wie beim Heuschnupfen - nicht garantiert.

Seit etwa 10 Jahren wird viel über eine neue Krankheit gesprochen und geschrieben, die sich ebenfalls über sexuellen Kontakt verbreitet, seuchenartig verbreiten wird, befürchtet man, und gegen die es bislang kein wirksames Heilmittel gibt: **AIDS.**

AIDS ist eine Abkürzung für Acquired Immune Deficiency Syndrome, zu deutsch: der erworbene Mangel an Abwehrkraft. AIDS ist eine Virusinfektion, das Virus HTLV-3 dringt ausgerechnet in die Körperzellen ein und programmiert sie um, die uns eigentlich vor den Viren schützen sollten. Wenn man AIDS hat, kann der Körper bei Krankheiten, die sonst harmlos verlaufen, nicht mehr genügend Abwehrstoffe bereit-

stellen und das bedeutet, daß man stirbt. Das Virus, das AIDS verursacht, gibt es erst seit wenigen Jahren, es kommt beim Menschen in Körperflüssigkeiten vor: im Sperma, im Speichel, in Tränen. Übertragen wird es nur, wenn es in die Blutbahn gelangt. Da beim Geschlechtsverkehr oft kleine Risse in der Schleimhaut entstehen, die man gar nicht bemerkt, wird darüber das Virus weitergegeben. Es wird aber auch durch eine wiederholte Benutzung von nicht-desinfizierten Spritzen (z.B. bei Drogenabhängigen) übertragen, oder auch durch eine Bluttransfusion (wenn das Spenderblut bereits infiziert war). Zuerst festgestellt hat man AIDS vor allem bei männlichen Homosexuellen, bei Fixern, dann bei Bluterkranken, die auf Bluttransfusionen angewiesen sind; inzwischen hat sich das Virus auch auf Heterosexuelle übertragen. Man kann durch eine einfache Blutuntersuchung das Virus im Blut nachweisen, und man weiß, daß jeder Mensch, der das Virus in sich trägt, es auch weitergeben kann. Nicht alle Menschen, in deren Blut sich die Viren befinden, erkranken auch an AIDS. Die tödliche, gefährliche Abwehrschwäche bricht oft erst Jahre nach der Ansteckung aus, bei manchen Menschen auch gar nicht: heute schätzt man, daß bei ungefähr 30-35% aller Erkrankten die Krankheit auch ausbricht. Da die Wissenschaftler aber erst am Anfang ihrer Untersuchungen und Beobachtungen stehen, kann diese geschätzte Zahl schon morgen überholt sein.
Angst macht sich breit. Die Angst zum Beispiel, AIDS könnte - ähnlich wie das Grippevirus - durch alltägliche soziale Kontakte übertragen werden, in der Straßenbahn oder anderen öffentlichen Verkehrsmitteln, am Arbeitsplatz usw. Bei AIDS-Forschern aber gilt als gesichert, daß die erworbene Immunschwäche ausschließlich durch Sexualkontakte oder den Kontakt mit dem Blut oder anderen Körpersäften bereits Infizierter übertragen wird, nicht durch Wangenküsse oder flüchtige Lippenküsse. Allerdings möglicherweise schon durch Zungenküsse (Zahnfleischbluten!). Das Risiko, über eine Bluttransfusion AIDS zu kriegen, ist seit dem 1.10.85 ausgeschlossen. Seither werden alle Blutkonserven systematisch untersucht.

Frauen, die das AIDS-Virus haben, übertragen es mit hoher Wahrscheinlichkeit an ihre ungeborenen Kinder.
Die Angst vor AIDS ist berechtigt, vor allem da ein Heilmittel vorläufig nicht in Sicht ist. Im Gefolge der Angst aber wird der Ruf nach einer neuen, alten Moral laut. Monogamie, Treue, Keuschheit soll der beste Schutz gegen AIDS sein. Wirklich? Die Syphilis, die eine Seuche in früheren Jahrhunderten war, ist nicht durch Moral besiegt worden, sondern durch die Entdeckung des Penicillins. Auch AIDS wird man nicht mit dem Ruf nach strengen Sitten und der Diskriminierung und Isolation der Kranken beikommen, sondern nur damit, daß Mittel für Forschung und Aufklärung bereitgestellt werden und für die Unterstützung der Betroffenen.

Wenn es anfängt mit der Liebe, ist es wichtig, Erfahrungen zu machen, die Möglichkeiten einer Entwicklung zu haben und die Treue aus dem Gefühl der Zuneigung heraus zu bestimmen, nicht aus Angst vor Geschlechtskrankheiten oder AIDS. Aber Angst vor Aids ist ja nicht unbegründet. Es gibt nach dem heutigen Stand der Forschung nur ein Mittel, sich wirksam davor zu schützen: Präservative. Und die sollte man(n) auf jeden Fall benützen. Sie bieten ja auch Schutz vor unerwünschter Schwangerschaft. Also, die Scham ist vorbei und die unangenehmen Gefühle, die beide vielleicht haben, wenn es darum geht, Präservative zu benutzen, sind schnell überwunden und vergessen. »Safer Sex« ist die Parole, zumindest solange es keinen anderen wirksamen Schutz vor und kein Mittel gegen AIDS gibt.

VERHÜTUNGSFRUST

Angst vor Schwangerschaft muß nicht sein!
Ist aber.
Muß-Ehen muß es nicht geben!
Gibt es aber.
Sichere Verhütungsmittel sind heute auch Jugendlichen zugänglich!
Aber immer! Oder?

Heute wird gern so getan, als sei das mit der Verhütung doch eigentlich gar kein Problem mehr. Ein Angebot an sicheren Verhütungsmitteln ist vorhanden, man entscheidet sich, handelt rational und zielbewußt, modern eben.

Aber so einfach ist das alles nicht. Natürlich sind Verhütungsmittel »zugänglich«, aber der Gang zum Arzt für ein Pillenrezept ist schon eine Hürde, und der in die Apotheke, um Pariser zu besorgen, fällt auch nicht so leicht, wenn hinter einem zehn andere warten. Mal ganz abgesehen davon: schon die Entscheidung, welches Verhütungsmittel ihr benutzt, ist nicht ganz einfach, weil sich da Sicherheit und Gesundheit im Weg stehen (die sichersten Verhütungsmittel sind auch mit den meisten gesundheitsschädlichen Nebenwirkungen verbunden). Verhütung ist immer etwas, das beide angeht, und deswegen solltet ihr vorher darüber sprechen, auch wenn's schwer fällt, besonders beim ersten Mal. *Sie* denkt, wenn ich die Pille nehme, dann denkt er, ich hab schon mal (öfter) mit wem geschlafen. *Er* denkt, wenn ich Pariser aus der Tasche ziehe, dann denkt sie, ich hab's nur darauf abgesehen.

Verwicklungen, Verstrickungen und keine/r traut sich mehr, das erste Wort zu sagen, und mit der Angst im Nacken hoffen beide aufs gute Glück und auf die nächste Regel ...

Für Mädchen allerdings hat das den Haken, daß sie die Folgen ausbaden müssen, wenn was passiert – da kann er noch so mitfühlend und solidarisch sein. Viele Jungs gehen stillschweigend davon aus, daß ihre Freundin schon dafür sorgen wird, daß nichts passiert. Leider lassen wir uns häufig auf diese un-

ausgesprochene »Vereinbarung« ein oder erwarten umgekehrt, daß er »aufpaßt«, irgendwie.
Für die Jungs muß klar werden, daß Verhütung genauso ihre Sache ist, daß sie sich vor der Klärung dieser »Angelegenheit« nicht drücken können. Wenn er nicht von selbst drauf kommt, sprich ihn drauf an. Frechheit siegt. Wo zwei ihren Spaß haben wollen, ist überhaupt nicht einzusehen, daß du allein dich mit dem Verhütungsproblem herumschlagen sollst; es reicht schon, daß die meisten Verhütungsmittel finanziell und gesundheitlich zu deinen Lasten gehen.
Die Entscheidung, welches Verhütungsmittel das richtige für dich ist, hängt nicht nur von dem medizinischen und gesundheitlichen Für und Wider ab, sondern von der ganz persönlichen Situation, der Beziehung, die du zu deinem Freund hast, von deinen Gefühlen. Seht ihr euch oft oder eher selten, habt ihr die Möglichkeit, ungestört zu sein, oder müßt ihr die »Gelegenheit« abpassen, ist dir ein Mittel (oder eine Methode) körperlich unangenehm oder weil du dich genierst oder schämst ... Achte auf deine Gefühle und nimm dir die Zeit, um dich mit den Vorteilen und Nachteilen der einzelnen Verhütungsmittel und -methoden auseinanderzusetzen.

Eigentlich geht es nur um ganz wenige Stunden. Um die, in denen eine Empfängnis möglich ist. Denn nach dem Eisprung ist die Eizelle nur etwa vier bis höchstens acht Stunden befruchtbar. Trifft sie in dieser Zeit nicht auf Spermien (Samen), löst sie sich folgenlos auf. Die Spermien allerdings können im Körper der Frau bis zu achtundvierzig Stunden überleben. Wenn man also den Eisprung zwei Tage vorher genau wüßte, müßte man in diesen zwei Tagen nur aufs Vögeln verzichten, andere Formen des Liebemachens ausprobieren, und das Problem mit der Verhütung wäre gelöst.
Schön wär's. Aber es gibt bisher noch keine Methode, den Zeitpunkt des Eisprungs sicher vorauszusagen.
Nur hinterher, wenn er stattgefunden hat, kannst du das feststellen, und darauf bauen die *natürlichen* Methoden der Empfängnisverhütung auf.

Zu den *natürlichen Verhütungsmethoden* rechnet man die Verhütung nach *Knaus-Ogino,* die *Basaltemperaturmethode,* die *Schleimstrukturmethode.*
Der *Coitus interruptus,* der »unterbrochene Geschlechtsverkehr«, wird von vielen auch für eine natürliche Verhütungsmethode gehalten. Das kannst du gleich vergessen. Diese Methode ist extrem unsicher. Auch wenn der Mann »aufpaßt«, d.h. kurz vor dem Samenerguß seinen Schwanz aus der Möse zieht, kannst du Pech haben: denn auch vor seinem Orgasmus können schon Samen herauskommen; außerdem ist es frustrierend und Lust-tötend, aufzuhören, wenns gerade am schönsten ist.

Verhütung nach Knaus-Ogino: Die Ärzte H. Knaus und K. Ogino konnten vor ca. 50 Jahren nachweisen, daß Frauen nur einen Eisprung während des Zyklus haben, und daß 12-16 Tage nach diesem Eisprung die Menstruation kommt. Daraus haben sie eine Methode abgeleitet, nach der die fruchtbaren Tage bestimmt werden können. Sie funktioniert nach folgenden Regeln:

- Führe ein Jahr lang einen Menstruationskalender (jeder Zyklus beginnt mit dem ersten Tag deiner Periodenblutung). In diesem Jahr kannst du nicht mit der Pille verhüten, weil die alle Zyklen auf 28 Tage vereinheitlicht.
- Ziehe von der Anzahl der Tage deines kürzesten Zyklus die Zahl 18 ab. Das Ergebnis bezeichnet den letzten deiner unfruchtbaren Tage.
- Ziehe von der Anzahl der Tage deines längsten Zyklus die Zahl 11 ab. Das Ergebnis bezeichnet den letzten deiner fruchtbaren oder »gefährlichen« Tage.
- Ist irgendein neuer Zyklus länger oder kürzer als alle vorangegangenen, muß er in diese Rechnung einbezogen werden.

Die Zählerei der »sicheren« und »gefährlichen« Tage hat einen Haken: die Unregelmäßigkeit des Menstruationszyklus und die Tatsache, daß der Eisprung auch durch heftige Gefühle oder extreme Veränderungen der äußeren Bedingungen (z.B.

Klimawechsel) ausgelöst werden kann. Deswegen ist diese Methode sehr unzuverlässig, sie belastet dich, weil du nie wirklich sicher sein kannst, und sie ist außerdem ziemlich lästig.

Die Basaltemperaturmethode beruht auf der Erkenntnis, daß die Körpertemperatur der Frauen während des Zyklus einer ganz bestimmten Kurve folgt. Zu Beginn des Zyklus ist die Temperatur etwa zwischen 36,5 und 37 Grad Celsius. Frühestens 16 Tage vor dem Einsetzen der nächsten Blutung sinkt die Temperatur bei den meisten Frauen für einige Stunden um etwa 1-3 Zehntelgrade. Das ist das Zeichen für den Eisprung. Innerhalb der nächsten 48 Stunden nach diesem Tief, steigt die Körperwärme deutlich an, auf über 37 Grad. Und auf dieser Höhe bleibt sie bis zur Menstruation.
Um den Eisprung festzustellen, muß du regelmäßig jeden Tag die Temperatur messen und auf einem Kurvenblatt eintragen (Kurvenblätter gibt es in der Apotheke oder beim Arzt). Die Temperatur mußt du immer um die gleiche Zeit messen, nach mindestens sechs Stunden Nachtruhe und vor jeder körperlichen Betätigung. Also vor dem Aufstehen, vor dem ersten Kaffee etc., weil sich dadurch schon wieder alles verändert. Gemessen wird unter der Zunge, in der Möse oder im Hintern, nicht unter dem Arm.
Da die Körpertemperatur von Schnupfen, Erkältungen, Sonnenbrand und Alkohol, zu wenig Schlaf oder auch von starker Aufregung beeinflußt wird, müssen solche Dinge im Kurvenblatt vermerkt werden. (Mit der Zeit, aber wirklich erst mit der Zeit, lernst du, dir Temperaturschwankungen zu erklären und zu deuten). Ist nach dem Temperaturtief die Körperwärme auf über 37 Grad gestiegen und drei Tage mindestens auf diesem Stand geblieben, kannst du davon ausgehen, daß die sichere Phase des Zyklus begonnen hat. Sie endet mit der nächsten Menstruation. Auch im Anschluß an die Monatsblutung gibt es einige unfruchtbare Tage. Wieviele das sind, kann man jedoch nicht voraussagen. Denn du weißt ja nicht, wann die Temperatur ansteigen wird. Die *Nachteile* dieser Methode be-

stehen in der notwendigen Regelmäßigkeit und Disziplin: dem Nicht-Vergessen zu messen, der Schwierigkeit, die Kurve richtig zu deuten: Infektionen, Streß, Sonnenbrand sind nicht mit dem Eisprung zu verwechseln, nur weil die Temperatur gestiegen ist. Das alles macht die Methode in der Praxis ziemlich unsicher.

Größere Sicherheit hast du, wenn du die Basaltemperaturmethode zusätzlich mit der *Schleimstrukturmethode* anwendest.

Die **Schleimstrukturmethode** wird auch **Billingsmethode** genannt, weil sie von den australischen Ärzten Evelyn und John Billings entwickelt wurde. In der Schleimhaut des Gebärmutterkanals befinden sich feine Drüsen, die während des Zyklus' ein Sekret absondern. Bis auf wenige Tage im Monat ist der Schleim fest und bildet eine Art Pfropf im Muttermund, der die Spermien nicht in die Gebärmutter läßt. Zweimal im Monat löst sich dieser Pfropf auf, während der Menstruation und während des Eisprungs. Unter dem Einfluß des Hormons Östrogen wird der Schleim zum Zeitpunkt des Eisprungs immer dünner, klarer, flüssiger. In diesen Tagen haben Frauen oft das Gefühl, eine feuchte Möse zu haben. Wenn du diesen Schleim zwischen Daumen und Zeigefinger nimmst, läßt er sich ziehen, er ist »spinnbar« wie man sagt. Nach dem Eisprung wird der Schleim wieder dicker, milchiger, zähflüssiger. Die Möse fühlt sich trocken an. Vier Tage, nachdem der Schleim spinnbar und klar war, sind die fruchtbaren Tage vorbei. Durch tägliche Kontrolle kannst du mit der Zeit lernen, die Unterschiede festzustellen. Die nächste Blutung setzt 12-16 Tage danach ein. Auch daran kannst du, zumindest im Nachhinein sehen, ob du die Veränderungen des Schleims richtig gedeutet hast. Allerdings können Scheidenentzündungen oder die Flüssigkeitsabsonderung bei sexueller Erregung oder auch die Samenflüssigkeit des Mannes nach dem Vögeln das Bild verfälschen.

Am Anfang ist es schwer, die Veränderungen richtig zu deuten. Deswegen bietet diese Methode allein angewendet keine große Sicherheit.

Bis du dich auf die natürlichen Verhütungsmethoden verlassen kannst, dauert es verhältnismäßig lange, und es setzt ein äußerst regelmäßiges Leben und Disziplin und Genauigkeit voraus. Aber wenn du die Basaltemperaturmethode zusammen mit der Schleimstrukturmethode anzuwenden gelernt hast, findest du auch mit Sicherheit die Tage raus, in denen du nicht vögeln kannst bzw. in denen du andere Verhütungsmittel zusätzlich anwenden mußt. Der Vorteil dieser Verhütungsmethoden besteht darin, daß sie in natürliche Körpervorgänge nicht eingreifen. Außerdem erzählen Frauen, die sie konsequent angewendet haben, daß nicht nur die Sensibilität für ihren Körper größer geworden ist, sondern daß sich auch ihr sexuelles Lustempfinden gesteigert hat.

Weit verbreitet und verhältnismäßig leicht zu beschaffen sind die sogenannten *Barrieremethoden.* Sie werden so genannt, weil sie zwischen dem Samen des Mannes und dem Muttermund der Frau eine Barriere bilden. Dazu zählen: *Kondom, Diaphragma* und die *chemischen Verhütungsmittel.*

Das **Kondom,** auch Pariser, Präservativ, Gummi, Verhüterli oder Lümmeltüte genannt, ist ein unkompliziertes und, wenn es richtig angewendet wird, auch sicheres Verhütungsmittel. Gleichzeitig ist das Kondom der wirksamste Schutz vor AIDS. Es wird über den »steifen« Schwanz gestreift, bevor der Junge seine Pimmel in die Möse steckt. Nach dem Orgasmus muß er den Pariser unbedingt festhalten, damit er nicht abrutscht und der Samen doch noch in die Möse fließt. Aus dem gleichen Grund ist es wichtig, daß er nach dem Orgasmus seinen Pimmel nicht in der Möse läßt, bis die Erektion nachläßt, sonst könnte der Samen heraustropfen, weil der Pariser den Pimmel nicht mehr fest umschließt.
Und bitte kein falscher Geiz: nach jedem Orgasmus des Jungen *muß* ein neuer Pariser verwendet werden.
Wenn ihr Pariser kauft, ist es wichtig, darauf zu achten, daß es Markenartikel sind, die den Vermerk *elektronisch geprüft* haben, und daß sie nicht älter als ein Jahr sind (auf der Packung

ist ein Herstellungsdatum vermerkt), weil der Gummi mit der Zeit brüchig wird und dadurch leichter reißt. Die Packung muß geschlossen sein, weil Licht und Wärme dem Material schaden. Die meisten Pariser haben vorne ein kleines »Reservoir«, eine Ausbuchtung, in der der Samen aufgefangen wird. Pariser bekommst du in Apotheken, in Drogerien und vielen Drogeriemärkten. Zudem hängen Automaten in öffentlichen Toiletten, allerdings meist nur in Herrentoiletten. Pariser kosten pro Stück etwa 1 Mark.

Es ist heute relativ leicht, an Pariser zu kommen. Wer das nicht schafft, der läßt am besten auch das Vögeln bleiben.

Aber wenn man sie hat, hat Mann sie ja noch lange nicht drüber. Aufgeregt und unmittelbar in der Situation sind viele Jungen so verunsichert, daß die Lust (und damit die Erektion) nachläßt, und dann geht gleich gar nichts mehr ... Gelingt es, sich durch diese Gefühle, die Peinlichkeit, die Scham durchzuwühlen, ohne die Lust zu verlieren, dann sind Pariser gerade für Jugendliche ein gutes Verhütungsmittel: sie können ohne langwierige Vorbereitungen angewendet werden, auch wenn sich unverhofft die Situation ergibt. Sie greifen nicht in natürliche Körperfunktionen ein, außerdem verhindern sie auch die Übertragung von Pilzen (oder Geschlechtskrankheiten).

Das **Diaphragma** auch **Scheidenpessar** oder **Pessar** genannt, ist in den USA und in Schweden ein weit verbreitetes Verhütungsmittel. Auch bei uns entscheiden sich immer mehr Frauen dafür.

Das Diaphragma besteht aus einer flachen Schale aus weichem Gummi mit einem Rand aus einer Spiralfeder. Vor dem Vögeln wird es mit einer samenabtötenden Creme bestrichen, in die Möse eingeführt und über den Muttermund gestülpt. Die Spiralfeder sorgt dafür, daß es nicht verrutscht.

Die Sicherheit des Diaphragmas hängt davon ab, ob es richtig angepaßt und richtig eingesetzt ist. Das kannst du dir zeigen lassen. Erstmal ist es wichtig, daß der Arzt die richtige Größe feststellt, weil die Scheide bei jeder Frau unterschiedlich groß ist. Wenn das Diaphragma zu klein oder zu groß ist, kann es

beim Vögeln verrutschen, und dann ist natürlich Sense. Beim Arzt oder bei Pro Familia-Stellen kannst du dir ein Diaphragma anpassen lassen; dort wird dir auch gezeigt, wie du überprüfen kannst, ob es richtig sitzt. Es kostet zwischen 15 und 25 Mark und ist jahrelang benutzbar.
Das Diaphragma wird vor dem Vögeln eingesetzt, am besten direkt davor, höchstens eine Stunde vorher. Nach dem Vögeln muß es acht Stunden drinbleiben, damit kein Sperma in die Gebärmutter eindringen kann. Wenn ihr in dieser Zeit nochmal vögeln wollt, müßt ihr noch einmal ein samenabtötendes Mittel verwenden, weil die erste »Portion« nach ca. 2-3 Stunden ihre Wirkung verliert.
Wenn du acht Stunden nach dem Vögeln das Diaphragma herausnimmst, wäschst du es, puderst es ein und bewahrst es in einer lichtundurchlässigen Schachtel auf (Licht schadet dem Material). Ähnlich wie beim Pariser ist weniger das Diaphragma das Problem als die Frage: Wie krieg ich's wann und wo rein? Da es frühestens eine Stunde vorher eingesetzt werden kann, unterbricht es oft die Zärtlichkeit, Streicheln und Küssen. Das setzt nicht nur Vertrautheit und Selbstbewußtsein und Sicherheit voraus, sondern auch den liebevollen und schamlosen Umgang mit dem eigenen Körper, den Mädchen (und Jungen) sich erst nach und nach erobern. Wenn du dich genierst, weil der Junge zuschaut, wenn du es einsetzt, dann mach es im Bad oder auf dem Klo. Auf jeden Fall ist es besser, den kurzen Moment der Pause oder der Scham zu überwinden, als lange Angst vor einer unerwünschten Schwangerschaft zu haben.

Chemische Verhütungsmittel gibt es in verschiedenen Formen: als Gel, als Creme, als Tabletten, Zäpfchen, Schaum. Sie enthalten eine Substanz, die die Samenfäden beschädigt und bewegungsunfähig macht.
Allein angewendet (ohne Pariser oder Diaphragma) sind sie unsicher. Außerdem verursachen sie bei manchen Frauen ein unangenehmes Brennen in der Scheide, und als unangenehm empfinden viele Frauen auch, daß noch nach Stunden eine cremige Soße aus der Möse läuft. Auch die chemischen Verhü-

tungsmittel unterbrechen das Liebesspiel, bis sich ihre Wirkung entfaltet, muß man ca. 10 Minuten warten. Und beim Lecken schmecken sie scheußlich.
Für Schaumzäpfchen bezahlt man ca. 17,-- DM pro Zwölferpackung, für 12 Tabletten ca. 11,-- DM, für Schaumspray (etwa 25 x) ca. 18,-- DM.

Das **Intra-Uterin-Pessar** (IUP, IUD), auch **Spirale** genannt, gilt als sehr sicheres Verhütungsmittel, wird aber für junge Frauen nicht empfohlen, weil sich die Nebenwirkungen bei ihnen besonders schädlich auswirken können.
Obwohl seit Jahrhunderten bekannt ist, daß ein in die Gebärmutter eingelegter kleiner Gegenstand Schwangerschaften verhindert (die Nomaden legten ihren Kamelen kleine Steinchen in die Gebärmutter, damit sie auf langen und anstrengenden Reisen nicht trächtig wurden), ist bis heute nicht klar, wie die Spirale genau funktioniert. Offenbar reagiert der Körper auf den starken Reiz dieses Fremdkörpers mit Abwehrmaßnahmen, von denen die Spermien und/oder das Ei abgetötet werden. Die Spiralen, die heute verwendet werden, sind in den 60er Jahren in den USA entwickelt worden; die erste hatte die Form einer Spirale und hat damit allen anderen den Namen gegeben. Die Spiralen bestehen aus weichem Plastik in unterschiedlichen Formen, an dessen Ende zwei Nylonfäden befestigt sind. Die Spirale wird vom Arzt in die Gebärmutter eingelegt, an den Fädchen, die aus dem Gebärmuttermund heraushängen, kann der Arzt kontrollieren, ob die Spirale noch vorhanden ist (und sie daran auch wieder herausziehen). Inzwischen gibt es Spiralen, die mit Kupfer umwickelt sind (Kupfer-T und Kupfer-7), das Kupfer verstärkt die Wirkung der Spirale, weil es die Bewegungsfähigkeit der Spermien beeinträchtigt, und es gibt Spiralen mit eingebautem Hormondepot, sie enthalten Gelbkörperhormone, die ein Jahr gleichmäßig auf die Oberfläche der Gebärmutterschleimhaut einwirken.
Die Spirale gehört zu den sichersten Verhütungsmitteln nach der Pille.
Bei jungen Mädchen treten Nebenwirkungen der Spirale häu-

figer auf als bei Frauen, die schon einmal schwanger waren. Eine ernste Nebenwirkung besteht darin, daß bei Frauen, die die Spirale tragen, häufiger Unterleibsentzündungen auftreten als bei Frauen, die andere Verhütungsmittel benutzen. Das scheint damit zusammenzuhängen, daß beim Einsetzen der Spirale durch das Weiten des Gebärmutterkanals und durch die Kontrollfäden leichter Bakterien in die Gebärmutter aufsteigen können. Solche Entzündungen fangen mit Fieber und übelriechendem Ausfluß an und sind meist sehr schmerzhaft.
Andere Nebenwirkungen: nach dem Einsetzen der Spirale kann es zu leichten Blutungen kommen und zu ziehenden Schmerzen im Unterleib und im Rücken. Das kann ein Zeichen dafür sein, daß die Spirale nicht richtig sitzt oder zu groß ist. Die Monatsblutungen werden durch die Spirale meist etwas stärker.
Der Vorteil einer Spirale besteht darin, daß die Frau sich ein paar Jahre nicht mehr um die Verhütung kümmern muß.
Jungen Mädchen, deren Gebärmutter noch klein und empfindlich ist, ist von einer Spirale abzuraten.
Für das Einsetzen einer Spirale bezahlt man beim Arzt zwischen 100,-- und 300,-- Mark.

Die **Anti-Baby-Pille**: Als sie vor etwa zwanzig Jahren auf den Markt kam, hat sie wie kein anderes Verhütungsmittel die Einstellung zur Sexualität verändert. Erstens bot sie eine fast 100%ige Sicherheit, und zweitens fiel die sicht- und fühlbare »Barriere« von Parisern, Pessaren und chemischen Verhütungsmitteln weg. Es schien, als wäre Lust ohne Last möglich. Aber nach der ersten Euphorie waren die gesundheitlichen Nebenwirkungen der Pille nicht zu übersehen, und inzwischen sind viele Frauen, nachdem sie die Pille einige Jahre genommen haben, »pillenmüde« geworden. Sie wollen ihren Körper nicht jahrelang mit künstlichen Hormonen belasten. Trotzdem ist die Pille nach wie vor ein Verhütungsmittel, das wegen der großen Sicherheit von vielen Frauen benutzt wird.

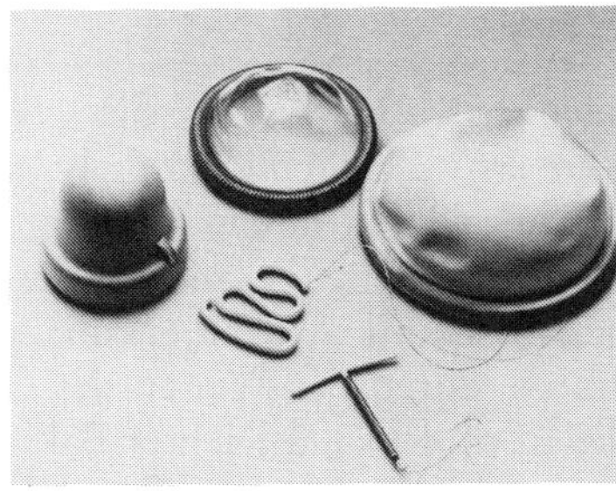

Diaphragma und Spirale

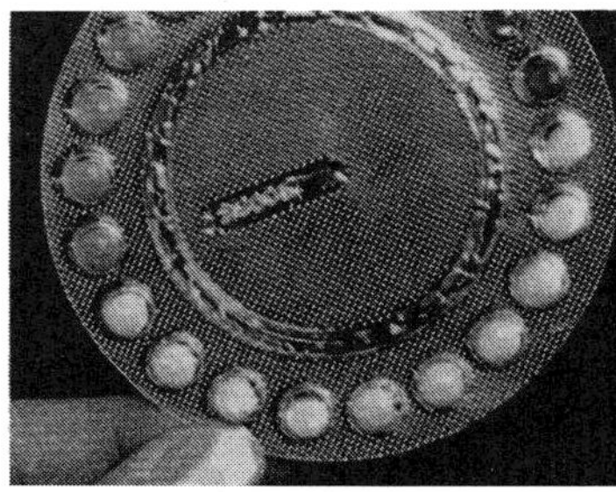

Die Pille. Auf der Packung sind die Wochentage vermerkt, so daß du kontrollieren kannst, ob du die Pille schon genommen (oder vielleicht vergessen) hast.

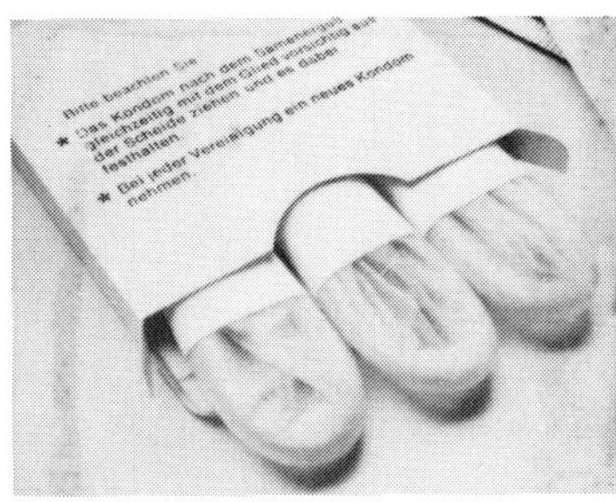

Präservative

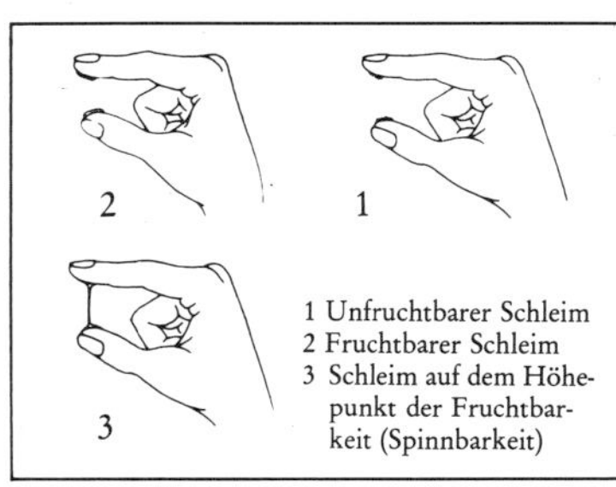

Die Schleimstrukturmethode

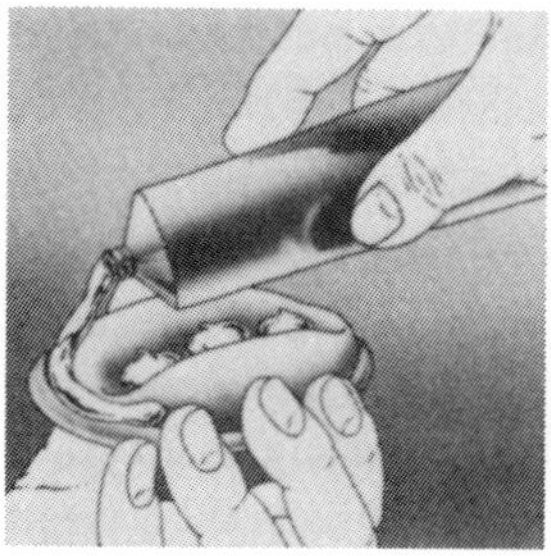

Wie das Diaphragma (Pessar) benutzt wird:

Vor dem Einführen wird das Diaphragma leicht zusammengedrückt und mit einem chemischen Verhütungsmittel (Gel oder Creme) bestrichen.

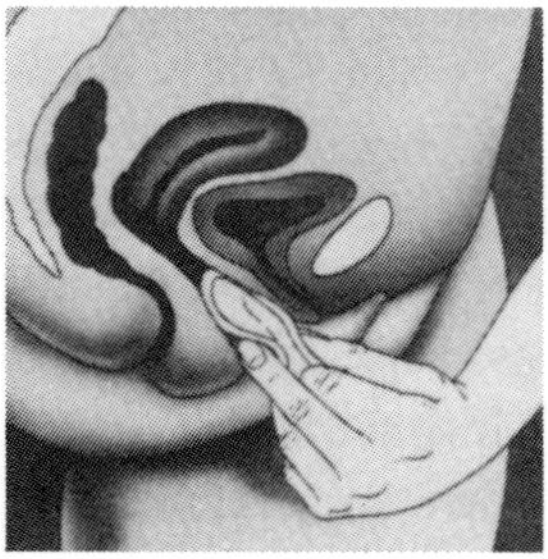

Dann wird es tief in die Scheide geschoben. Das geht am leichtesten in der Hocke.

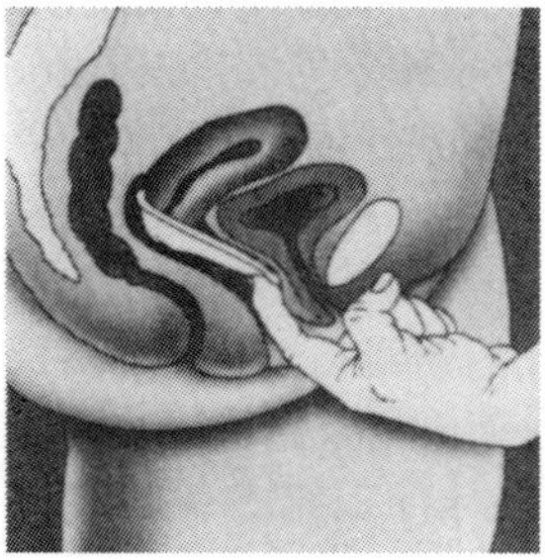

Du mußt darauf achten, daß die mit spermientötender Creme bestrichene Seite dem Muttermund zugewandt ist und daß das Diaphragma den ganzen Muttermund bedeckt.

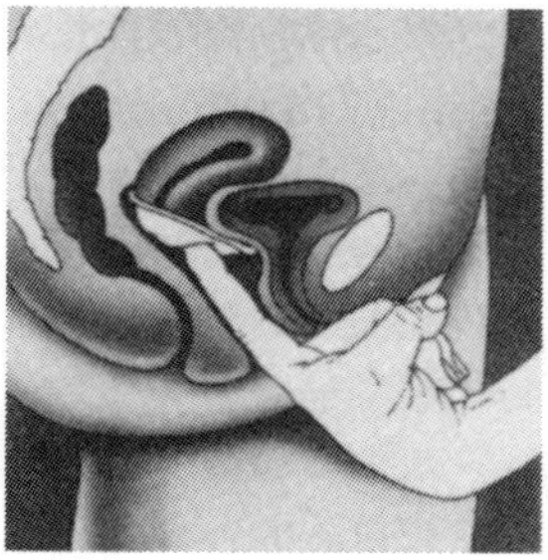

So sitzt das Diaphragma richtig. Die Ärztin zeigt dir, wie du prüfen kannst, ob es richtig sitzt.

Wie die Pille wirkt

Die meisten Pillen enthalten die beiden weiblichen Geschlechtshormone Östrogen und Gestagen (Östrogen und Gestagen fassen jeweils mehrere sehr ähnliche Hormone unter einer übergeordneten Bezeichnung zusammen; Östrogene sind: Östradid, Östron und Östrol; unter den Gestagenen ist Progesteron das wichtigste Hormon). Das Östrogen verhindert das Heranreifen des Eis im Eierstock, der Eisprung bleibt aus. Das Gestagen wirkt ebenfalls eisprunghemmend, verhindert aber außerdem, daß sich die Gebärmutterschleimhaut so aufbaut, daß sie ein befruchtetes Ei aufnehmen könnte. Und es sorgt dafür, daß der Schleimpfropf, der den Gebärmutterhalskanal von innen verschließt, während der ganzen Einnahmezeit zäh und für Spermien undurchlässig ist.

Es gibt verschiedene Pillen:

Die *Kombinationspille* enthält immer das gleiche Gemisch von Östrogen und Gestagen. Die ersten Pillen vor zwanzig Jahren waren Kombinationspillen, aber die Hormonmengen, die heute in jeder Pille enthalten sind, sind wesentlich geringer als damals. Die Kombinationspillen gelten als die zuverlässigsten und werden am häufigsten verschrieben.

Die *Zwei-Phasen-Pille,* auch *Sequenz-Pille* genannt, lehnt sich in der Hormonzusammensetzung an die natürlichen Vorgänge im weiblichen Körper an: vor dem Eisprung wird vor allem Östrogen produziert, die ersten Pillen der Packung enthalten darum auch nur Östrogen. Ab dem achten Tag enthalten die Pillen ein Gemisch aus Östrogen und Gestagen. Die Zuverlässigkeit dieser Pille ist – statistisch gesehen – etwas geringer als bei der Kombinationspille. Die *Zwei-Stufen-Pille* ist ähnlich aufgebaut wie die Zwei-Phasen-Pille, aber im Unterschied dazu enthalten die ersten Pillen bereits winzige Mengen Gestagen.

Bei der *Drei-Stufen-Pille* enthalten die Pillen in der ersten Einnahmephase relativ wenig Östrogen und kaum Gestagen. Vom 7.-11. Tag sind Östrogen- und Gestagenmenge erhöht, vom 12.-21. Tag ist die Östrogenmenge niedriger, die Gestagenmenge dagegen noch etwas höher. Auch bei dieser Pille ist die Zuverlässigkeit etwas geringer als bei den Kombinationspräparaten.

Die *Mini-Pille* enthält nur das Hormon Gestagen in extrem kleinen Mengen, sie muß auch während der Menstruation täglich genommen werden und zwar immer genau zur gleichen Zeit. Die Mini-Pille hat mit großer Wahrscheinlichkeit weniger ernste Nebenwirkungen als die anderen Pillen, die Zuverlässigkeit ist allerdings auch weniger hoch, weil du sie täglich um die gleiche Zeit einnehmen mußt (*höchstens* um zwei Stunden verschoben), sonst ist die Sicherheit nicht garantiert. Bei der Mini-Pille kommt es manchmal zu Blutungsunregelmäßigkeiten.

Bevor du mit der Pille anfängst, mußt du in eigenem Interesse zum Arzt. Wer sich aus Angst oder Scham oder Bequemlichkeit die Pille auf einem anderen Weg beschafft, über die Freundin oder die große Schwester, tut sich nichts Gutes. Ärzte stehen übrigens unter Schweigepflicht, sie dürfen auch den Eltern keine Auskunft geben.

Die Pille ist aus guten Gründen rezeptpflichtig, sie kann bei bestimmten körperlichen Veranlagungen und Vorerkrankungen gefährlich werden. Auch bei der Wahl der Pille ist es wichtig, sich beraten zu lassen. Wenn du irgendwelche Medikamente nehmen mußt, besteht die Gefahr, daß dadurch die verhütende Wirkung der Pille aufgehoben wird. Bei manchen Medikamenten kommt das vor. (Übrigens kann auch Durchfall oder Erbrechen die verhütende Wirkung der Pille aufheben.)

Es gibt einige ernste Gründe, die Pille *nicht* zu nehmen. Auch wenn viele Frauen sie ohne Beschwerden vertragen, besteht über die schädlichen Nebenwirkungen der Pille kein Zweifel. Die Pille erhöht das Risiko, Blutgerinnsel zu kriegen, Rauchen erhöht dieses Risiko noch. *Wenn du die Pille nimmst, laß das Rauchen sein!*

Die Pille erhöht auch das Risiko, einen Herzinfarkt zu bekommen; bei manchen Frauen erhöht sich der Blutdruck. Andere Nebenwirkungen sind Kopfschmerzen (bis zu migräneartigen Anfällen), Depressionen, Übelkeit, Gewichtszunahme, Müdigkeit, erhöhte Anfälligkeit für Scheidenentzündungen und Ausflußbeschwerden. Auf jeden Fall geh zum Arzt, wenn du eine dieser Nebenwirkungen spürst. Manchmal hilft es, wenn du eine andere Pille nimmst. Auch wenn du die Pille gut verträgst, ist die regelmäßige gynäkologische Untersuchung einmal im Jahr unerläßlich. Laß dich nicht drauf ein, die Pille zu nehmen – dem Jungen zuliebe –, wenn du sie nicht verträgst. Wenn dein Freund dich gern hat, wird er mit dir gemeinsam nach anderen Lösungen suchen.

Daß die Pille Krebs verursacht, ist bis heute nicht nachgewiesen. Trotzdem sollten Frauen, die die *Pille* nehmen, bei der jährlichen Untersuchung einen Krebsabstrich machen lassen, nicht erst ab 30 Jahren.

Vorbehalte, die viele Ärzte haben, jungen Mädchen die Pille zu verschreiben, weil das Knochenwachstum noch nicht abgeschlossen ist, die spätere Fruchtbarkeit davon beeinflußt wird, lassen sich nach neuen Forschungen nicht mehr halten. Die Hormonregulation junger Mädchen läßt sich offenbar weit weniger durch die künstlichen Hormone stören, als man bisher angenommen hat. Die Hormondosierungen sind dafür zu gering.

Die Pille ist sicherlich ein entscheidender Einschnitt gewesen, für viele Frauen damals zum ersten Mal die Voraussetzung zum Erleben einer angstfreien Sexualität. Diese Funktion hat sie bis heute behalten, wegen der großen Sicherheit und der unkomplizierten Anwendungsweise.

Aber sie ist bestimmt nicht das beste Verhütungsmittel, das wir uns vorstellen können, die Last, die körperliche Belastung liegt allein bei der Frau. Und das allein ist schon ein Grund, sich zu ärgern und dagegen zu sein.

Kosten: Eine Pillenpackung kostet zwischen 9 und 15 Mark.

Wenn ihr euch das ganze »Angebot« an Verhütungsmitteln nochmal durch den Kopf gehen laßt, bleiben eigentlich nur zwei übrig, die für Jugendliche am Anfang in Frage kommen. Pariser und die Pille. Weil beide sicher sind, wenn sie richtig angewendet werden, weil sie verhältnismäßig leicht zu beschaffen und auch unkompliziert anzuwenden sind. Unser

Tip: benutzt Pariser, sie sind wirklich »gefühlsecht«; die Vorstellung, daß man sich nicht richtig spürt, oder den Widerwillen davor wird man in der Praxis schnell los. Jugendliche haben ja am Anfang nicht so häufig die Gelegenheit, miteinander zu schlafen, lohnt es sich, dafür jeden Tag die Pille zu schlucken?
Wenn Mädchen allerdings das Gefühl haben, sich lieber ausschließlich auf sich selbst verlassen zu wollen, dann ist die Pille richtiger (vorausgesetzt natürlich, sie bekommt dir!).

Auf den nächsten zwei Seiten findest du nochmal einen Überblick über die gebräuchlichsten Verhütungsmittel. Um die Sicherheit der einzelnen Methoden miteinander vergleichen zu können, haben Wissenschaftler sich weltweit auf den sogenannten *Pearl-Index* geeinigt. Er gibt an, wieviel von hundert Frauen, die eine Verhütungsmethode richtig und ohne Unterbrechung anwenden, innerhalb eines Jahres schwanger werden.
Wenn du über einzelne Verhütungsmittel noch genauer Bescheid wissen willst, auch mehr medizinische Informationen haben willst, besorg dir das Buch von Angelika Blume »Was noch vor der Liebe kommt«, es ist im Mosaik Verlag erschienen und kostet DM 19,80 oder »Unser Körper, unser Leben« Band 1, es ist im Rowohlt Verlag erschienen und kostet 16,80 DM.

Methode / Mittel	Was es ist	Wirkungsweise	Zuverlässigkeit	Art der Anwendung
Basaltemperaturmessung	Zeigt bei regelmäßiger Messung durch Temperaturanstieg den Eisprung an.	Nutzt die Tatsache aus, daß die Frau nicht an allen Tagen des Zyklus empfangen kann.	Pearl-Index 1-19. Hängt stark von exakter Durchführung und ausreichendem Sicherheitsabstand ab.	Morgentemperatur messen, in Kurvenblatt eintragen und Kurve interpretieren lernen.
Knaus-Ogino (Berechnen der fruchtbaren und unfruchtbaren Tage)	Enthaltsamkeit an fruchtbaren Tagen.	Nutzt die Tatsache aus, daß die Frau nicht an allen Tagen des Zyklus empfangen kann.	Pearl-Index 9-29	Ein Jahr lang Menstruationskalender führen. Aufgrund dieser Erfahrungswerte »sichere« und »gefährliche« Tage ausrechnen.
Schleimstrukturmethode	Zeigt bei regelmäßiger Untersuchung des Muttermundschleims den Eisprung an.	Nutzt die Tatsache aus, daß die Frau nicht an allen Tagen des Zyklus empfangen kann.	Pearl-Index 1,4-25,5	Täglich Schleim auf Menge, Aussehen und Konsistenz kontrollieren und Interpretation lernen.
Chemische Mittel (Sprays, Zäpfchen, Schaum, Gel)	Chemische Substanz	Töten Samenzellen in der Scheide.	Pearl-Index 6-36, nur in Kombination mit Präservativen oder Diaphragma verwenden!	Jeweils vor dem Verkehr.
Diaphragma	Halbrundes Gummigewölbe, das, mit samentötender Creme kombiniert, über den Muttermund gestülpt wird.	Verhindert das Vordringen von Spermien in die Gebärmutter.	Pearl-Index 3-16, hängt davon ab, ob in Kombination mit spermientötender Creme verwendet und richtig angepaßt und angewendet wird.	Bis eine Stunde vor dem Verkehr. Kann von der Frau selber eingeführt werden.
Präservativ	Gummischutz, der über das Glied des Mannes gestreift wird.	Fängt Samenerguß im Gummi auf.	Pearl-Index 3-14, höher in Kombination mit chemischen Verhütungsmitteln.	Jeweils vor dem Verkehr.
Spirale	Reiner, kupferumwickelter oder hormonhaltiger Kunststoffdraht, der der Frau in die Gebärmutter eingesetzt wird.	Verhindert Einnisten des Eis und setzt Beweglichkeit der Spermien herab.	Pearl-Index 3-6	Wird von Arzt/Ärztin eingesetzt und bleibt dann in der Gebärmutter.
Pille	Hormone, die von der Frau eingenommen werden.	Verhindern den Eisprung und das Einnisten des Eis. Halten den Schleimpfropf am Muttermund zäh, so daß die Spermien nicht eindringen können.	Pearl-Index Kombinationspille 1-4 Minipille 3-10	Täglich einnehmen, Minipille immer zur gleichen Stunde.

Wirkungsdauer	Für wen	Wo zu beschaffen	Preis	Mögliche Nebeneffekte
	Für disziplinierte Frauen mit mehr oder weniger regelmäßigem Lebensrhythmus.	Kurvenblätter und genaue Regeln bei Ärzten, Apotheken und Beratungsstellen.	Spezialthermometer ca. DM 30,-. Kurvenblätter für 1 Jahr ca. DM 1,-.	Keine.
Abhängig von Zyklus-Stabilität.	–	–	–	Keine.
	Für Frauen, die mit der Basaltemperaturmethode verhüten.	Genaue Regeln bei Ärzten und Beratungsstellen.	Kurvenblätter für 1 Jahr DM 1,-.	Keine.
Einmalige Wirkung.	Für Frauen.	Apotheke, Drogerie	Ca. DM 15,- Zäpfchen, Spray ca. DM 17,-.	Wärmegefühl, Brennen.
Wirkt, solange es drinbleibt (höchstens 24 Stunden, aber sicher 8 Stunden nach dem letzten Geschlechtsverkehr).	Für Frauen mit einem gelösten Verhältnis zum eigenen Körper.	Muß beim Arzt angepaßt werden.	Diaphragma ca. DM 20,-. Creme für 12 Anwendungen ca. DM 15,-.	Keine.
Einmalige Anwendung.	Für alle Männer.	Apotheken, Drogerien, Automaten.	Elektronisch geprüfte Markenpräservative, pro Stück ca. DM 1,-.	Keine.
Wirkt für ein (hormonhaltig) bis drei Jahre oder fünf Jahre (Kupferdraht mit Silberkern).	Für Frauen, die sie vertragen. Nur selten bei ganz jungen Frauen.	Arzt.	Ca. DM 200,-	Krämpfe, Blutungen, Entzündungen im Genitalbereich. die selten bis zur Unfruchtbarkeit führen, Eileiterschwangerschaften.
Wirkt, solange sie nach Einnahmeschema geschluckt werden.	Für Frauen bis etwa 35, die sie vertragen. Nur bedingt für Raucherinnen.	Apotheke mit Rezept.	1-Monats-Packung zw. DM 15,- und 20,-.	Meist keine Beschwerden. Da die Hormone in alle Teile des Körpers gelangen, können zahlreiche Nebenwirkungen auftreten, vgl. S. 109.

EIN BISSCHEN SCHWANGER GIBT ES NICHT!

Deine Periode ist überfällig. Schon zehn Tage. So lange war's noch nie drüber. Du kennst die Angst und rennst immer öfter aufs Klo, nachschauen. Vielleicht hast du ja doch nochmal Glück gehabt ... Aber nichts. Mit jedem Tag wird die Hoffnung weniger, die Angst wächst. Was werden die Eltern sagen? Wird dein Freund zu dir halten?
Bloß keine Panik jetzt! Wichtig ist zuallererst, festzustellen, ob du wirklich schwanger bist. Erste Anzeichen für eine Schwangerschaft können sein, wenn die Brüste größer werden und anfangen zu spannen, dir morgens beim Aufstehen kotzübel wird, du dich abgespannt und müde fühlst. Mit *Sicherheit* weißt du erst Bescheid, wenn du einen Schwangerschaftstest machen läßt oder selbst machst. In der Schwangerschaft produziert der Körper ein Hormon, das sich im Urin nachweisen läßt, bei den neuen Tests bereits unmittelbar nach Ausbleiben der Menstruation. Wenn du den Test in der Apotheke oder beim Arzt machen läßt, mußt du in einem sauberen Gefäß den ersten Morgenurin mitbringen. Das Ergebnis erfährst du noch am gleichen Tag. Der Test kostet ca. 27,- Mark; die Schwangerschaftstests, die du in der Apotheke kaufen und zu Hause selber machen kannst (Eva Test, Femtest, Clearblue , B-Test) kosten zwischen 20,- und 36,- Mark.

Schwanger.
Wie konntest du nur ... leichtsinnig, verantwortungslos, dumm und unreif ... und was für Vorwürfe dir sonst noch gemacht werden, du machst sie dir auch selber. Hätte ich bloß ... Zu spät.
Vorwürfe und Selbstvorwürfe helfen gar nichts. Was besser oder »vernünftiger« gewesen wäre, weißt du selbst am besten – im Nachhinein.
Es wird immer so getan, als sei es das Einfachste von der Welt – spätestens seit der Pille –, sicher zu verhüten.
Sichere Verhütung ist möglich, aber einfach ist sie nicht. Ver-

hütung ist immer ein Kompromiß zwischen »sicher« und »gesund«, und dieser Kompromiß geht in der Regel zu Lasten der Mädchen. Außerdem wird bei der Liebe weniger der Verstand als die Gefühle angesprochen, und die widersprechen sich oft: Hemmung und Anziehung, Begehren und Angst, *spontane* Lust und *geplante* Verhütung. Einerseits wird von Mädchen erwartet, daß sie emotional, spontan und sexy sind, andererseits sollen sie ganz cool das Verhütungsproblem regeln: reden, abwägen, planen, besorgen, anwenden und so weiter. Wie das gehen soll, besonders wenn sie gerade vor lauter Verliebtheit den »Kopf verloren« haben, darüber machen sich nur wenige Erwachsene Gedanken.

Wenn du schwanger bist, mußt du eine Entscheidung treffen. Willst du und – vor allem – kannst du das Kind behalten, oder fühlst du dich noch nicht in der Lage, ein Kind zu kriegen und die nächsten 18 Jahre oder länger für es zu sorgen. Viel Zeit hast du für diese Entscheidung nicht. Ein Abbruch der Schwangerschaft ist in Deutschland nur bis zur 12. Woche möglich. 12 Wochen. Bis du endgültige Klarheit darüber hast, daß du schwanger bist, sind oft schon vier Wochen vergangen, dann sind es nur noch acht Wochen.

Unterschiedliche Gefühle, Wünsche und Bedürfnisse streiten sich in dir. Welche Entscheidung ist richtig? Da ist das Problem mit der Schule oder einer nicht abgeschlossenen Ausbildung, die Abhängigkeit von den Eltern, kein Geld, keine Wohnung. Vielleicht hast du gar keinen festen Freund. Und wenn du einen hast, die Frage, ob du dir vorstellen kannst, mit ihm zusammenleben, ob du das willst, und ob er es will. Aber auch der Wunsch, von zu Hause wegzukommen, eine eigene Familie zu haben, eine Aufgabe.

Du stehst also einerseits unter Druck, dich schnell entscheiden zu müssen, andererseits will eine Entscheidung für oder gegen das Kind ohne Hektik überlegt sein. Genau überlegen ist wichtig. Besprich die Möglichkeiten, das Für und Wider mit FreundInnen und – wenn möglich – mit den Eltern. Wie verhalten sich deine Eltern und die deines Freundes? Unterstützen sie euch? Mit Hilfe und Geld? Gibt es eine Möglichkeit, die Schule oder die begonnene Ausbildung fertig zu machen? Habt ihr trotzdem noch genug Zeit, euch um das Kind zu kümmern? Und Lust dazu? Von der Antwort auf solche Fragen sollte abhängen, ob du das Kind kriegen willst oder nicht.

Und zu diesen schon nicht einfach zu klärenden und entscheidenden Fragen kommt für manche Mädchen ein weiteres Problem: die Schuldgefühle, die sich einstellen. Die Abtreibung wird von der katholischen Kirche, den konservativen Parteien und vielleicht sogar von Leuten, die du kennst, als »Mord am ungeborenen Leben« verurteilt, Frauen, die abtreiben, als verantwortungslose Mörderinnen hingestellt. Schwangere Mädchen, auch wenn sie nicht religiös sind, werden in dieser Situation hin- und hergerissen und fühlen sich schlecht. Dieselben Leute, die mit derart massiven Vorwürfen gegen die Abtreibung zu Felde ziehen und schwangere Frauen unter einen solchen Druck setzen, kümmern sich um das *geborene Leben* bei weitem nicht in gleichem Maße. Laß dir also keine Schuldgefühle einreden. Die Entscheidung, ein Kind zu bekommen oder abzutreiben, mußt du alleine vor dir verantworten, denn letzten Endes stehst du später mit dem »Schutz des geborenes Lebens«, der Aufgabe, das Kind großzuziehen, alleine da, selbst wenn dir die Eltern helfen. Ein Kind braucht zum Leben mehr als das »tägliche Brot«, es braucht Liebe und Zuwendung und Zeit, es braucht ein Umfeld, in dem es sich wohlfühlen kann. Auch wenn du ihm das geben willst, verhindern die Bedingungen gerade für junge Mütter genau das. Kaum Geld, keine Wohnung, anstrengende, schlecht bezahlte Jobs, weil du keine Ausbildung hast, Isolierung von deinen Freundinnen und Freunden, die ganz andere Dinge im Kopf haben und andere Sachen machen können als du. Dazu kommt, daß ledige Mütter immer noch schief angesehen werden und daß das die Kinder zu spüren kriegen. Und deinen Freund heiraten, *nur* weil du ein Kind kriegst? Bis jetzt habt ihr euch getroffen, wenn ihr Lust hattet, nun müßt ihr zusammenleben, tagaus, tagein. Möglicherweise unter spürbarem finanziellen und zeitlichen Druck. In dieser Situation häufen sich bei vielen Paaren die Streitereien, ohne daß ihr die Möglichkeit habt, danach weggehen zu können, nach Hause, wie früher. Ihr seid dann wirklich aufeinander angewiesen. Leider zeigt die Erfahrung, daß sich gerade in dieser Situation viele Männer zurückziehen aus dem Zusammenleben. Das alles müßt ihr überlegen. Kein Richter und kein Papst kann dir die Entscheidung und die Verantwortung abnehmen, obwohl sie so tun, als wäre das ihre Sache. Du allein mußt wissen, ob du dich in der Lage siehst, dem Kind die Liebe, die Hilfe und Unterstützung zu geben, die es für seine persönliche Entwicklung braucht, und das hängt entscheidend damit zusammen, wie glücklich du unter den Bedingungen bist, in denen du lebst.

Wenn du nicht abtreiben willst, aber auch keine Möglichkeit siehst, das Kind selbst großzuziehen, gibt es die Möglichkeit, das Kind gleich nach der Geburt adoptieren zu lassen. Das ist eine Entscheidung für immer, sie ist nicht rückgängig zu machen. Du weißt nicht, zu welchen Eltern dein Kind kommt, die Adoption wird über das Jugendamt abgewickelt. Für viele Frauen, die in der Adoption den letzten Ausweg gesehen haben, ist die Trennung von dem Kind nach neun Monaten Schwangerschaft und der Geburt allerdings ein sehr schmerzlicher Prozeß gewesen. Der Gedanke,was aus dem Kind geworden ist, wie es ihm geht, ob es nicht doch noch eine andere Möglichkeit gegeben hätte, verfolgt sie oft jahrelang als Schuldgefühl.

Wenn du das Kind kriegen willst, gehst du zu einer Ärztin oder einem Arzt, die/der dich untersucht und dich für die nächsten Monate beraten wird.

Auf was du dich einstellen mußt in der Schwangerschaft, wie sich dein Körper entwickelt, was du beachten solltest und wissen willst, kannst du nachlesen in: *Neun Monate* hrsg. von Bärbel Maiwurm und Monika Seck-Agthe, Verlag Antje Kunstmann, DM 29,80, oder in *Zeit für uns* von Gerlinde Wilberg, Fischer Taschenbuchverlag, DM 14,80.

Wenn du dich für eine Abtreibung entschieden hast, weil du

für dich und das Kind keine Chance siehst, fühlst du dich vielleicht hilflos, hast Angst, bist traurig und wütend, weil du körperlich und seelisch allein ausbaden mußt, wofür dein Freund genauso verantwortlich ist. Wichtig ist jetzt aber auch, daß du schnell handelst. *Eine Abtreibung muß auf jeden Fall von einer fachkundigen Ärztin oder einem Arzt durchgeführt werden.* Nur dann ist dieser Eingriff ungefährlich für deine Gesundheit. Es gibt heute fast überall Ärzte, die einem Mädchen keine Moralpredigten halten und sie unter Druck setzen, sondern helfen. Wenn du in einer Kleinstadt wohnst oder in einem Dorf, ist es meistens schwieriger, einen solchen Arzt zu finden, als in einer Großstadt. Adressen empfehlenswerter, verständnisvoller Ärzte erfährst du bei den Beratungsstellen der Pro Familia (Verzeichnis der Adressen ab Seite 158). Eine gute Anlaufstelle sind immer die Frauenzentren in der Nähe, in denen §218-Beratungsgruppen dir alle nötigen Informationen geben können und dich unvoreingenommen beraten. Wenn du dich nicht traust hinzugehen, dann ruf dort erstmal an (Verzeichnis der Frauenzentren ab Seite 147). Übrigens: Ärzte haben Schweigepflicht, egal wie jung du bist.

Nach der Reform des §218 im Jahre 1976 ist in den alten Bundesländern, also der früheren BRD, ein Schwangerschaftsabbruch unter folgenden Voraussetzungen möglich (Stand Sommer 1991):

1. Wenn eine Gefahr für das Leben oder die körperliche bzw. seelische Gesundheit der Schwangeren besteht; hier handelt es sich um die sogenannte *medizinische Indikation.*
2. Wenn gesundheitliche Gefahren für das werdende Leben infolge einer Erbanlage oder schädlicher Einflüsse vor der Geburt drohen; hier spricht man von *eugenischer Indikation.*
3. Wenn die Schwangerschaft durch ein Verbrechen zustande gekommen ist (eine Vergewaltigung); dieses wird als *kriminologische Indikation* bezeichnet.
4. Wenn die Gefahr einer schwerwiegenden Notlage nur durch den Abbruch einer Schwangerschaft von der werdenden Mutter abgewandt werden kann; hier liegt dann die sogenannte *Notlagenindikation* vor.

Liegt eine dieser Indikationen vor, darf der Arzt die Schwangerschaft abbrechen, allerdings darf in der Regel eine bestimmte Dauer der Schwangerschaft nicht überschritten sein. Während für den Abbruch aus medizinischer Indikation eine zeitliche Einschränkung nicht besteht, darf der Abbruch aus eugenischer Indikation nur bis zur 22. Woche nach dem Empfängnis, bei der kriminologischen und der Notlagenindikation nur bis zur zwölften Woche durchgeführt werden. Für einen legalen – also erlaubten und straffreien – Abbruch einer Schwangerschaft müssen folgende Voraussetzungen erfüllt sein:

Ein Arzt muß feststellen, daß bei dir eine der Indikationen vorliegt und dies schriftlich bestätigen. Das kann jeder Arzt, nicht nur Frauenarzt. Außerdem mußt du dich bei einer sozialen Beratungsstelle über die zur Verfügung stehenden Hilfen informieren lassen, die die Fortsetzung der Schwangerschaft und die Lage vom Mutter und Kind erleichtern können. Der Eingriff muß dann von einem anderen Arzt vorgenommen werden, der dich vorher noch medizinisch berät. Wichtig ist: Alle Berater unterliegen der Schweigepflicht. Wenn Ärzte und Mitarbeiter ihre Geheimhaltungspflicht verletzen, machen sie sich strafbar.

Nochmal:

Du brauchst

den Nachweis der Schwangerschaft, die Feststellung deiner Blutgruppe (falls du die noch nicht weißt) und eine Indikation.

Dafür gehst du

zu einem Arzt und läßt dich untersuchen; er bestätigt dir schriftlich, daß du schwanger bist. Der gleiche Arzt kann dir auch die Indikation ausstellen. Bei einer Notlagenindikation liegt es im Ermessen des Arztes, was *er* als Notlage begreift. Gründe für eine solche Indikation sind nicht nur finanzielle Schwierigkeiten, sondern auch, daß du noch zur Schule gehst oder mitten in der Ausbildung steckst, daß du keine stabile Beziehung hast, daß du dich zu jung und emotional nicht in der Lage fühlst, ein Kind zu kriegen. Doch selbst wenn viele dieser Gründe auf dich zutreffen, muß dir der Arzt keine Indikation ausstellen. Wenn du keinen Arzt weißt, der dir eine Indikation

ausstellen könnte, erkundige dich bei Pro Familia oder in einem Frauenzentrum nach einem Arzt, der für deine Probleme Verständnis hat.
Du brauchst
den Nachweis eines sozialen Beratungsgesprächs.
Dafür gehst du
zu einer Beratungsstelle, z.B. Pro Familia. In dem Beratungsgespräch wirst du über die finanziellen und sozialen Hilfsangebote für junge Mütter informiert und *kannst* dich, wenn du das willst, mit der Beraterin über deine persönliche Situation und Notlage unterhalten. Nach dem Gespräch *muß* dir immer die Bestätigung ausgestellt werden. Zwischen der Beratung und dem Eingriff müssen drei Tage liegen, damit du dir alles nochmal überlegen kannst.
Dann brauchst du
einen Arzt, der den Eingriff macht. Das darf nicht derselbe Arzt sein, der die Indikation ausgestellt hat. Mit ihm vereinbarst du einen Termin für den Abbruch. Falls du in Bayern oder Baden-Württemberg wohnst und den Schwangerschaftsabbruch auch dort machen lassen möchtest, mußt du für einige Tage in eine Klinik. In diesen beiden Bundesländern ist die Abtreibung nur stationär erlaubt und wird meistens mit einer kurzen Vollnarkose gemacht. Allerdings gibt es auch hier in einigen Städten mittlerweile die Möglichkeit, einen ambulanten Schwangerschaftsabbruch zu bekommen, also einen, wonach du gleich wieder nach Hause gehen kannst. (Nämlich in Karlsruhe und in Stuttgart; in Nürnberg und in München sind Vorbereitungen dazu im Gange.) Mädchen in den anderen Bundesländern können einen ambulanten Schwangerschaftsabbruch mit lokaler Betäubung machen. Übrigens: Das Beratungsgespräch, die Stellung der Indikation und der Schwangerschaftsabbruch können, vollkommen unabhängig vom Wohnort, in jedem Bundesland durchgeführt werden.
Es ist immer noch schwierig, sich die notwendigen Informationen zu beschaffen, besonders wenn man nicht in einer Großstadt wohnt, die Zeit läuft, also handelt so schnell wie möglich. Und wenn ihr nicht gleich einen Arzt findet, der die

Indikation ausstellt, und einen zweiten, der den Eingriff macht (besonders in katholischen Gegenden ist das nicht so leicht), schaltet noch Freunde ein, die euch bei der Suche helfen.
Eine Abtreibung muß in der Klinik oder einer Arztpraxis, wo die entsprechenden Geräte vorhanden sind, durchgeführt werden, sonst kann es gefährliche gesundheitliche Folgen haben. Das gleiche gilt für alle Versuche, aus Angst und Verzweiflung an sich selbst herumzumachen: das ist absoluter Wahnsinn. Nach der 12. Woche gibt es in Deutschland keine Möglichkeit mehr, aus sozialen Gründen, aus einer Notlage heraus, einen Abbruch zu machen. Je eher du ihn machen läßt, desto einfacher ist es, körperlich und psychisch. Bei Mädchen unter 16 Jahren kann es sein, daß eine Einverständniserklärung der Eltern verlangt wird, bei Mädchen unter 14 Jahren müssen die Eltern einverstanden sein.
Wenn du gesetzlich versichert bist, zahlt die Krankenkasse die Kosten, die meisten privaten Kassen übernehmen sie dagegen nicht. Die Kosten für eine Abtreibung liegen in den alten Bundesländern zwischen 400,- Mark (bei einem ambulanten Abbruch) und über 1000,- Mark (bei einem Abbruch mit Krankenhausaufenthalt).
Es kann vorkommen, daß ein Mädchen eine Schwangerschaft lange nicht bemerkt oder nicht bemerken möchte, daß sie sich nicht traut, irgendjemandem davon zu erzählen oder etwas zu unternehmen, daß sie sich vielleicht lange nicht entscheiden kann und die Frist von 12 Wochen überschritten ist, bevor sie sich entschieden hat. In diesem Fall sind in Deutschland keine legalen Abtreibungen mehr möglich, in Holland – oder auch in England – hingegen schon, und zwar ohne Indikation. Adressen von Kliniken, die dort zu empfehlen sind, gibt es bei vielen Frauenzentren. Wichtig ist, daß das Mädchen sich trotzdem bei einer sozialen Beratungsstelle beraten und die Beratung bescheinigen läßt, denn dadurch sichert sie sich Straffreiheit.

DAS NEUE ABTREIBUNGSRECHT

In den neuen Bundesländern, also der ehemaligen DDR, gilt seit 1972 die Fristenlösung. Das bedeutet, daß Mädchen, ohne sich eine Indikation und eine soziale Beratung erteilen lassen zu müssen, straffrei bis zur 12. Woche einen Schwangerschaftsabbruch machen lassen können.
Das wird sich jedoch mit großer Wahrscheinlichkeit ändern: Im Herbst 1991 wird das Abtreibungsrecht für die beiden wiedervereinigten deutschen Staaten vereinheitlicht (siehe auch S. 131). Je nachdem, für welchen Gesetzesvorschlag sich das Parlament entscheidet, ergeben sich für Frauen und Mädchen, die abtreiben wollen, unterschiedliche Konsequenzen:
Setzt sich die CDU/CSU mit ihrem Vorschlag durch, gilt in ganz Deutschland die Indikationenlösung, wie sie bisher in der BRD galt. Allerdings soll es dann nur noch zwei verschiedene Arten von Indikationen geben: die psycho-soziale und die medizinische. Außerdem wird es voraussichtlich möglich sein, daß derselbe Arzt, der die Indikation erteilt, auch den Abbruch durchführt.
Setzt sich die FDP mit ihrem Vorschlag durch, gilt eine verschärfte Fristenlösung. Frauen können dann straffrei bis zur 12. Woche abtreiben, müssen sich allerdings vorher einer verpflichtenden sozialen Beratung unterziehen.
Setzt sich die SPD mit ihrer Lösung durch, gilt in ganz Deutschland die Fristenlösung, wie es sie vorher in der DDR gab; Frauen können dann also ohne Indikation und ohne Beratung eine Schwangerschaft bis zur 12. Woche straffrei abbrechen.

SCHWANGERSCHAFTSABBRUCH

In den ersten drei Monaten ist ein Abbruch der Schwangerschaft, die Entfernung des eingenisteten Eis, körperlich ungefährlich, allerdings nur, wenn er von einem Arzt oder einer Ärztin gemacht wird. 1959 wurde in China die *Absaugmethode* entwickelt, die für die Frau schonender und weniger schmerzhaft ist als die bis dahin angewendete *Ausschabung*.
Für das Absaugen wird der Gebärmutterhalskanal mit feinen Metallstiften vorsichtig geweitet, damit ein dünnes Plastikröhrchen eingeführt werden kann, an das eine elektrische Vakuumpumpe angeschlossen ist, die einen Unterdruck erzeugt. Dadurch werden die obere Schleimhautschicht und das Schwangerschaftsgewebe von der Gebärmutter gelöst und abgesaugt.
Der Eingriff wird unter lokaler Betäubung oder mit einer kurzen Vollnarkose (in Bayern und Baden-Württemberg) durchgeführt und dauert nicht länger als fünf bis zehn Minuten.
Die ältere und immer seltener angewandte Methode ist die *Ausschabung* (Curettage). Dabei werden mit einem Gerät, das einem langstieligen Löffel (Kürette) ähnlich sieht, die obere Schleimhautschicht der Gebärmutter und das Schwangerschaftsgewebe »abgetragen«. Die Ausschabung wird meist unter Vollnarkose gemacht. Gegenüber der Absaugmethode hat die Ausschabung einige Nachteile, die einen zwei- oder dreitägigen Krankenhausaufenthalt notwendig machen: der Gebärmutterhalskanal muß etwas stärker geweitet werden als es für das Absaugen notwendig ist; außerdem muß die Kürette mehrmals von außen nach innen geführt werden – das erhöht die Gefahr für Entzündungen. Außerdem kann es passieren, daß die Gebärmutterwand, die durch die Schwangerschaft weicher und dünner geworden ist, verletzt wird. Und die Vollnarkose belastet den Kreislauf mehr als eine örtliche Betäubung.

Wenn du eine Ärztin oder einen Arzt gefunden hast, der den Abbruch macht, vergiß vor lauter Erleichterung nicht, danach zu fragen, welche Methode sie/er anwendet. Wenn möglich, such gleich einen Arzt, der mit der Absaugmethode arbeitet. Bei einem Schwangerschaftsabbruch mit der Absaugmethode kommt es äußerst selten zu Komplikationen. Ängste, die manche Mädchen haben (und die ihnen gemacht werden), nach einer Abtreibung keine Kinder mehr bekommen zu können oder schwer krank zu werden, sind heute unbegründet. Notwendig ist ein Krankenhausaufenthalt bei einem Abbruch mit der Absaugmethode nur dann, wenn du irgendeine Krankheit hast, die den Abbruch gefährlich macht (z.B. Herz- und Kreislauferkrankungen, Nierenschäden, Asthma, Epilepsie). Aber notwendig oder nicht, auch wenn es den meisten Frauen angenehmer wäre, gleich danach nach Hause zu gehen und sich in der gewohnten Umgebung zu erholen, wenn's nicht anders geht, sollten die drei Tage Krankenhaus auch nicht zum Problem werden.

Auf jeden Fall mußt du dich nach einer Abtreibung ungefähr eine Woche schonen. Da der Gebärmutterhals sich erst wieder schließen muß und während dieser Zeit leichter Keime eindringen können, ist es wichtig, die ersten zwei bis drei Wochen nach dem Eingriff keine Tampons zu benutzen, nicht zu baden oder zu schwimmen und bis zur nächsten Menstruation nicht zu vögeln. Wenn du Fieber kriegst, starke Blutungen, Schmerzen, Krämpfe oder übelriechenden Ausfluß, mußt du sofort zum Arzt gehen. Am besten gehst du etwa 14 Tage nach dem Abbruch nochmal zu deinem Arzt und läßt dich untersuchen, um ganz sicherzugehen, daß alles gut gegangen ist.

Vielen Frauen geht es trotz aller Erleichterung nach einer Abtreibung erstmal schlecht. Sie sind traurig, haben vielleicht Schuldgefühle oder Wut oder alles zusammen. Sich Zeit nehmen für diese Gefühle, mit den Freudinnen und/oder dem Freund oder den Eltern darüber zu sprechen, erleichtert. Körper und Seele brauchen Zeit, um sich zu erholen.

MIT FREMDEN STOFFEN UND NATÜRLICHEM FRUCHTAROMA

Ich war ein Idiot, es war wirklich reichlich naiv, einfach den Kopf in den Sand zu stecken und zu glauben, wird schon nichts passieren, wenn ich nur nicht zu oft daran denke, man soll den Teufel nicht an die Wand malen. Aber warum sollte ausgerechnet ich verschont bleiben, nur weil ich davon überzeugt war, einen unfruchtbaren Schutzengel in der Unterhose zu haben? Ich hätte mir in den Arsch beißen können für so viel Blödheit.
Jetzt war's passiert, und ich mußte das so schnell wie möglich über die Bühne ziehen, ohne viel Seelenkram. Mein Liebster feierte Renaissance mit seiner Verflossenen, das tat schon genug weh. Und wenn ich mich von der ganzen Sache hätte runterziehen lassen und mich in Selbstmitleid gebadet hätte, wäre ich ganz und gar verloren gewesen.
Ich hatte gerade die Schule geschmissen, keinerlei Vorstellungen, was ich machen wollte, und Angst davor, auch nur an den nächsten Tag zu denken. Keine tollen Voraussetzungen, um eine auf Kindsmutter zu machen. Mein letztes Fünkchen Hoffnung war dahin, als der Frauenarzt »Ab sofort kein Alkohol mehr und vor allem keine Zigaretten« sagte. Ich dachte nur: Mein Gott, es hat eingeschlagen, und ich konnte die verschissenen Windeln schon riechen, mir wurde vom bloßen Drandenken schlecht. Auf Kinderkacke hatte ich noch lange keine Lust, jetzt nicht.
Er hielt mir eine milde Standpauke, von wegen Unvernunft und Verantwortungsgefühl haben, und erzählte von den vielen Frauen, die täglich in seine Praxis kommen und keine Kinder kriegen können. Ich sollte mir's nochmal überlegen und dann wiederkommen, und auf einmal fühlte ich mich schwanger, als es sozusagen amtlich bestätigt worden war. Ich machte mir den ganzen Tag Kinderkrieggedanken. Vielleicht würde ich es ja doch schaffen, allein. Vielleicht würde es mir sogar den Kick geben, endlich was in Richtung Zukunft zu machen. Und so wahnsinnig jung war ich ja auch wieder nicht, meine eigene Mutter hatte schließlich in dem Alter ihr erstes Kind ohne Mann an ihrer Seite be-

kommen, und ihr Leben war keineswegs verpfuscht. Warum sollte ich das nicht packen? Ich ließ mich von den schönsten und friedlichsten Bildern davontragen, sah schon meinen Bauch dikker und dicker werden, versuchte mir vorzustellen, wie ich als Mutter wäre. Kind im Arm, trautes Heim, Glück allein. Aber eigentlich gab's da nichts zu überlegen. Die Voraussetzungen waren einfach beschissen.

Beim Hausarzt, von dem ich die Indikation haben wollte, wurde mir schwarz vor den Augen, und ich mußte mich hinlegen, Kotzgefühl im Magen. Bloß jetzt nicht schlapp machen. Ich plusterte mich auf und mobilisierte meine ganze Selbstsicherheit, soweit noch vorhanden, und sagte laut und mit fester Stimme: »Ich brauch 'ne Indikation.« Dabei war mir zumute, als wäre ich aus einem kalten Teich gefischt worden und säße mit nassen Kleidern im Regen. Er setzte sich neben mich, sah mir direkt ins Gesicht, »Geht's wieder?«, ich log »Ja« und wollte mich aufrichten, »Du bist aber noch ganz blaß.« Mir wurde immer schlechter, ich kippte wieder nach hinten. Es kam mir vor, als würde mir seine Nähe auf einmal alle Kraft nehmen, plötzlich fing ich an zu heulen wie ein Schloßhund, die Bretter rutschten unter den Füßen weg, ich konnte einfach nicht mehr. Nicht mehr so stolz und stark sein und Leckt-mich-alle-am-Arsch spielen. Die coole Braut, die nichts im Leben beuteln kann, kein Liebeskummer und kein Schwangersein. Ich tat seit Wochen so, als könnte mich nichts umhauen. »Willst du denn überhaupt mal Kinder haben?« Das traf ins Herz, ich fing wieder an zu weinen. Klar wollte ich mal Kinder haben, ganz viele, drei oder vier oder fünf mit Lockenköpfen, und eins sollte so toll und so süß wie das andere werden ... Das »doch« blieb im Hals stecken, ich schluchzte und schluchzte, die ganze Kacke kam hoch. Er legte mir die Hand auf den Kopf, das gab mir den Rest, ich war nur noch ein heulendes Würmchen, ein ausgekautes Kaugummi mit fremden Stoffen und natürlichem Fruchtaroma. Das Silberpapierchen ist dazu da, die Kaumasse nach Gebrauch darin einzuwickeln und erst dann in den Mülleimer zu werfen. »Sei nicht so traurig, das ist alles halb so schlimm, wie sich's jetzt anfühlt. In ein paar Tagen ist es vorbei.«

Abends war ich bei meiner älteren Schwester zum Essen eingeladen. Ich schwankte, ob ich ihr die Geschichte erzählen sollte. Aber ich wollte stark sein und durchhalten, kein Mitleid. Plötzlich fragte sie ganz seelenruhig: »Sag mal, bist du vielleicht schwanger?« Mir schossen augenblicklich die Tränen in die Augen. Sie nahm mich in den Arm und streichelte mich, und als sie auch noch fragte, »Isser blöd zu dir?«, da war der Ofen ganz aus. Ich heulte und heulte und konnte gar nicht mehr aufhören.

Dann kam der Moment, vor dem ich am allermeisten Angst hatte. In der Nacht davor kam mein Liebster, wir lagen stundenlang schweigend nebeneinander im Bett, mir wäre es lieber gewesen, wenn er weggeblieben wäre. Ich hätte ihn von Anfang an gebraucht, nicht erst kurz vor Schluß. Jetzt war er mir fremd und weit weg. Kaum war das Licht aus, fing er an: »Geh da morgen nicht hin ... bitte.« Mir verschlug es die Sprache. Ich wollte kein Kind mit einem, der nicht genau wußte, ob er mich will, jedenfalls für die nächste Zeit. Und ich wollte kein Kind mit einem, der nicht genau wußte, ob er dieses Kind will, und zwar für immer. Schon gar keins wollte ich von einem, der mich noch vor ein paar Tagen gebeten hatte, ihm mit meinem Weiberkram vom Hals zu bleiben. Und ich wollte kein Kind, das eine zerbrechende Liebe retten sollte ...
Jetzt lag er neben mir und rüttelte und zerrte an meiner Entscheidung, die ich ja hatte allein treffen müssen. Ich schluckte und sagte: »Mach jetzt bitte keinen Scheiß.« Er antwortete nicht, und ich dachte daran, daß er vielleicht doch wollte und ihm eben erst über den Mist mit seiner alten Freundin klar geworden war, daß er mich mag, mich liebt und daß wir zusammen gehören. Aber dann dachte ich auch, daß einer, der sich in so einer Situation dermaßen beschissen verhält, nicht der richtige Vater für mein Kind wäre.
Immerhin verstanden wir uns noch so gut, daß wir kein weiteres Wort mehr darüber wechselten, und als ich im Morgengrauen einschlief, pennte er schon lange. Ein paar Stunden später packte ich mit Butterknien mein Zeug zusammen und fuhr mit der Straßenbahn ins Krankenhaus.

DER § 218

Die Möglichkeit, einen Schwangerschaftsabbruch legal durchzuführen, gibt es erst seit wenigen Jahren. Das ist das Ergebnis eines Kampfes, der über 100 Jahre gedauert hat – und noch immer nicht zu Ende ist.

Das Verbot der Abtreibung ist seit der Gründung des deutschen Reiches 1871 im Strafgesetzbuch unter dem § 218 verankert, aber die Geschichte der Verfolgung von Frauen, die abgetrieben haben, ist älter. Sie reicht zurück bis ins 16. Jahrhundert. In den überlieferten alten germanischen Volksrechten gab es keine gesetzlichen Bestimmungen, die Abtreibung unter Strafe stellten. In der bäuerlichen Gesellschaft, in der nur eine bestimmte Anzahl von Menschen ernährt werden konnte, sah man darin eine Möglichkeit zur Begrenzung der Kinderzahl.
Im 16. Jahrhundert sind die absolutistischen Staaten entstanden und gleichzeitig die Manufakturen. Die Staaten brauchten Soldaten, die Manufakturen Arbeitskräfte. Und da beginnt die Geschichte des Verbots der Abtreibung. Im *Hexenhammer*, einer Sammlung von Rechtsprinzipien, nach denen Millionen von Frauen als Hexen verbrannt wurden, kann man nachlesen: »Niemand schadet dem katholischen Glauben mehr als die Hebammen ... die Hexen-Hebammen (verhindern) die Empfängnis im Mutterleib auf verschiedene Weise (...), bewirken auch Fehlgeburten, und wenn sie es nicht tun, (opfern sie) die Neugeborenen den Dämonen.« Gezielt wurden diese Frauen verfolgt. Indem man sie verfolgt und verbrannt hat, wurde auch das Wissen dieser Frauen ausgerottet, das sie über Jahrhunderte erhalten hatten und das Frauen in die Lage versetzt hatte, selbst zu kontrollieren, wieviel Nachkommen sie haben wollten und konnten.

Aber trotz Verbot, grausamer Verfolgung und schwerer Strafandrohung haben die Frauen immer abgetrieben. Sie sind zu

Engelmachern gegangen oder haben es selbst gemacht, unter den schrecklichsten Bedingungen, und oft genug ihr Leben oder ihre Gesundheit riskiert.

Allerdings setzten nur die armen Frauen ihr Leben auf's Spiel und ihre Freiheit. Wer Geld hatte, konnte sich mühelos eine Abtreibung beschaffen bei Ärzten, die Erfahrung und sterile Instrumente hatten. Auch der § 218 konnte nicht verhindern, daß Frauen abtreiben.

Aber je trostloser die Lebensbedingungen der Arbeiterfamilien am Anfang des 20. Jahrhunderts wurden, desto mehr Widerstand kam auf.

Schon 1920 wurde von der SPD ein Antrag im Reichstag eingebracht, der Straffreiheit für Frauen forderte, die abgetrieben haben. Der Antrag wurde von der konservativen Zentrumspartei abgelehnt. Ende der zwanziger Jahre herrschten Arbeitslosigkeit, Wohnungsnot, Hunger und Elend. Die katholische Kirche hatte jede Art der Verhütung verboten. Man schätzte damals in Deutschland die Zahl der illegalen Abtreibungen im Jahr auf ca. eine Million. Aus diesen Bedingungen heraus entstand die große Volksaktion gegen den § 218, an der sich Millionen Menschen beteiligten und die die bedingungslose Streichung des Paragraphen forderten. Die Forderung konnte im Reichstag nicht durchgesetzt werden.

1933, nach der Machtübernahme der Nazis, war erstmal Schluß mit dem Kampf gegen den § 218, die Gewerkschaften, Arbeiterparteien und Frauenorganisationen, die den Kampf gegen den § 218 getragen hatten, waren verboten und zerschlagen; der Staat brauchte wieder Arbeiter und Soldaten. Die Nazis propagierten ein Frauenbild, das die erste Bestimmung der Frau in ihrer Rolle als Hausfrau und Mutter sah. Die Strafen für Abtreibung wurden sogar verschärft, schlimmstenfalls war für Abtreibung die Todesstrafe vorgesehen. Für »nichtarische« Frauen, für Jüdinnen, Halbjüdinnen und Arbeiterinnen, die aus dem Osten kamen, galt dieses Verbot allerdings nicht. Wenn sie schwanger waren, wurde die Schwangerschaft zwangsweise abgebrochen!

Nach dem zweiten Weltkrieg wurde der alte § 218 wieder in

das Strafgesetzbuch der BRD aufgenommen, und erst durch einen jahrelangen Kampf konnte wenigstens eine teilweise Freigabe der Abtreibung erreicht werden. Der Kampf gegen den § 218 war der Beginn der neuen Frauenbewegung.

»Ich habe abgetrieben!« Mit diesem öffentlichen Geständnis zerriß 1971 das »Komplott des Schweigens«. Alice Schwarzer, die diese Aktion initiiert hat, schreibt: »Millionenfach lag der STERN an den Kiosken, mit Namen und Gesichtern bekannter und unbekannter Frauen, die gemeinsam erklärten: ›Wir haben abgetrieben! Wir fordern keine Almosen vom Gesetzgeber und keine Reform auf Raten! Wir fordern die ersatzlose Streichung des § 218!‹ Es war eine Explosion. Frauen im ganzen Land schlossen sich zusammen. Unterschriften wurden gesammelt. In Büros, Fabriken, Universitäten, Stadtteilen. Endlich wagten es die Frauen, sich die alltäglichen Demütigungen und psychischen Verstümmelungen einzugestehen, die ihnen der § 218 einbrachte.« Was es damals bedeutete, eine Abtreibung zuzugeben, kann man sich heute kaum noch vorstellen. Daß Frauen immer abgetrieben haben, war ein offenes Geheimnis, aber erst mit der Selbstbezichtigungskampagne haben die Frauen ein Tabu gebrochen, und keine Polizeiaktion, keine Diffamierung konnte sie mehr einschüchtern. Mit den Aktionen zur Abschaffung des § 218 war die Forderung nach der Selbstbestimmung der Frau verbunden. Gegen den § 218 waren nach einer Umfrage 1973 83% aller Frauen, und auch viele Männer forderten die Abschaffung dieses Paragraphen. Im Frühjahr 1974 war die parlamentarische Debatte angesetzt. Die katholische Kirche machte mobil, sprach von der »Tötung unschuldigen Lebens«, bezeichnete die Frauen als »Mörderinnen«. Die CDU/CSU bezog den Standpunkt der katholischen Kirche, die FDP schloß sich den Forderungen der Frauen an und plädierte für eine Fristenregelung (Straffreiheit der Abtreibung in den ersten drei Monaten), die SPD, nach heftigen, parteiinternen Auseinandersetzungen, ebenfalls. Konservative Ärzte und Kliniken kündigten an, daß sie im Falle einer Freigabe der Abtreibung nicht dran dächten, Schwangerschaftsabbrüche durchzuführen.

Als die Fristenregelung von der SPD/FDP-Mehrheit im Bundestag beschlossen war, hat die CDU/CSU das Bundesverfassungsgericht angerufen, um prüfen zu lassen, ob die Fristenregelung mit der Verfassung vereinbar ist. Das Bundesverfassungsgericht war damals von sieben Männer und einer Frau besetzt: Die Fristenregelung wurde abgelehnt. Im Urteil wurde lediglich die Indikationslösung zugelassen (siehe Seite 118). Aber selbst diese Regelung war – und ist – den Konservativen im Lande, im Bund mit der katholischen Kirche, ein Dorn im Auge. Sie sprechen immer wieder vom angeblichen »Mißbrauch der sozialen Indikation«; in den aufsehenerregenden Memminger Prozessen wurden über hundert Frauen an den Pranger gestellt, die CSU in Bayern strengte noch vor der Wiedervereinigung eine Verfassungsklage gegen den §218 an, in den Städtischen Kliniken Münchens überprüfen selbsternannte Komissionen die Rechtmäßigkeit der Indikationen, die Frauen ihnen vorlegen.
In eine neue Phase tritt die Diskussion um den §218 und das Abtreibungsrecht mit der Wiedervereinigung der beiden deutschen Staaten: Im Gebiet der früheren BRD gilt seit 1976 die Indikationenlösung, in der ehemaligen DDR die 1972 eingeführte Fristenlösung. Bis ein neues gesamtdeutsches Gesetz in Kraft tritt, hat man sich auf eine Übergangslösung geeinigt, die besagt, daß die beiden Gebiete ihre jeweilige Regelung beibehalten, es also zweierlei Abtreibungsrecht in Deutschland gibt.

Im Herbst 1991 stimmt das Parlament über das weitere Geschick des §218 ab (siehe S. 122). Daran, wie diese Entscheidung ausfällt, wird sich ablesen lassen, wie heute über Frauen und ihr Recht auf Selbstbestimmung gedacht wird.

Wenn du dich genauer informieren willst, lies weiter in:

Alice Schwarzer (Hg.) »Fristenlösung jetzt!« 20 Jahre Kampf gegen den §218, Emma Verlag, Köln 1991
Susanne von Paczensky, Renate Sadrozinski (Hg.), §218: Zu Lasten der Frauen, Rowohlt Verlag, Reinbek 1990.

DARÜBER SPRICHT MAN NICHT: SEXUALITÄT UND GEWALT

Wenn man von Liebe und Sexualität spricht, muß man auch von den gesellschaftlichen Verhältnissen sprechen, in denen sie stattfinden, konkret: man muß über die Benachteiligung von Frauen und Mädchen sprechen, die trotz der gesetzlich verankerten Gleichberechtigung vorhanden sind. Frauen erhalten für die gleiche Arbeit weniger Lohn als Männer, leisten unbezahlt Hausarbeit, oft zusätzlich zur Berufsarbeit, haben bei gleicher Qualifikation schlechtere Berufschancen als Männer, sind in der Politik und anderen öffentlichen Bereichen hoffnungslos unterrepräsentiert usw. usw.

Daß Männer mehr »wert« sind, drückt sich auch darin aus, daß für sie eine andere Moral gilt, daß eine stillschweigende Übereinkunft besteht, daß Frauen – als das »schwächere Geschlecht« – dem »starken« zur Verfügung stehen.

Auch in »Liebesbeziehungen« macht sich bemerkbar, daß Frauen nicht gleichberechtigt sind, noch lange nicht: denn im Gefolge von Liebe und Sexualität steht versteckte und offene Gewalt, die von Männern ausgeht und deren Opfer Frauen sind.

Das weiß ja jede und jeder: daß Frauen und Mädchen sich in acht nehmen müssen, daß sie nachts nicht allein rumlaufen können, daß sie – egal wie ängstlich oder mutig sie sich verhalten – Gefahr laufen, vergewaltigt zu werden.

Vergewaltigung ist laut Strafgesetzbuch eine »Straftat gegen die sexuelle Selbstbestimmung«, die mit Gefängnis nicht unter zwei Jahren bestraft wird. 7000 Vergewaltigungen werden jährlich in der BRD angezeigt. Die Dunkelziffer wird 20mal so hoch geschätzt. Viele Frauen scheuen sich, nach einer Vergewaltigung Anzeige zu erstatten, aus Angst vor der Prozedur bei Polizei und Justiz. Nicht nur dort begegnen sie einer Haltung, die offen oder versteckt davon ausgeht, daß eine Frau, die nicht will, auch nicht gezwungen werden kann. Mann geht noch immer davon aus, daß die vergewaltigte Frau zumindest teilweise selbst schuld ist. Sie hat den Mann »gereizt«, »provoziert« oder sich in einer Weise verhalten, daß er gar nicht anders konnte. Mann macht sich mehr Gedanken um den Täter als das Opfer, das den Beweis zu erbringen hat. Manch eine Gerichtsverhandlung mutet an wie eine nochmalige Vergewaltigung der Frau.

Trotz aller Demütigungen, die eine vergewaltigte Frau möglicherweise auch noch durch Polizei, Gerichtsverhandlung und in der Öffentlichkeit erfährt, sollte sie auf jeden Fall Anzeige erstatten. In vielen Städten gibt es inzwischen Frauenorganisationen, die einen telefonischen Notruf für vergewaltigte Frauen eingerichtet haben und die ihnen sofort mit der notwendigen Hilfe zur Seite stehen können.

Einen sicheren Schutz gegen Vergewaltigung gibt es nicht, auch wenn du deine Freiheit freiwillig einschränkst: menschenleere Gegenden, dunkle Parks meidest und abends und nachts nicht alleine durch die Straßen läufst. Selbstverteidigung zu lernen ist eine Möglichkeit, sich etwas sicherer zu fühlen. Solche Kurse werden überall angeboten, auch von Frauengruppen.

Die Tatsache, daß sich etwa in der Hälfte aller Fälle Täter und Opfer vorher kannten, daß es Verwandte sind oder Bekannte, von denen eine Frau vergewaltigt wird, macht es für die betroffenen Frauen oft noch schwerer, darüber zu sprechen und Unterstützung zu finden.

Erst in den letzten Jahren, ermutigt durch die Frauenbewegung, haben Frauen, die von ihren Ehemännern vergewaltigt, geschlagen und mißhandelt werden, gewagt, diese »Erfahrungen« öffentlich zu machen. Was darüber bekannt geworden ist, sind keine Ausnahmefälle.

Unter der schleichenden Gewalt in den Familien, unter der intellektuellen Bevormundung, der wirtschaftlichen Abhängigkeit, der sexuellen Nötigung durch den Mann – auch eheliche Pflicht genannt – leiden Millionen von Frauen. Die Frauenhäuser, in denen geschlagene Frauen vor ihren Ehemännern Schutz suchen, sind überfüllt.

Die Gewalt in den Familien nimmt zu, und nicht nur erwachsene Frauen sind davon betroffen. Über den *sexuellen Mißbrauch,* dem kleine Mädchen durch den Vater, Großvater, Onkel, Bruder oder Freund der Mutter ausgesetzt sind, wird erst in der letzten Zeit gesprochen.

In der BRD wird die Zahl der Familien, in denen Kinder und Jugendliche sexuell mißbraucht werden, auf 40 von 100 geschätzt, meistens trifft es die Mädchen.

Unter den Folgen des Mißbrauchs durch einen Menschen, von dem das Kind abhängig ist, und statt Schutz und Liebe Gewalt erfährt, leiden Mädchen oft ein Leben lang. Schuldgefühle, Scham, zerstörtes Vertrauen führen oft zu Selbstzerstörung, wenn über das, was geschehen ist, nicht gesprochen werden darf.

Was sie verarbeiten müssen, heißt sexuelle Nötigung, sexueller Mißbrauch, Vergewaltigung.

Genötigt, mißbraucht und vergewaltigt wurde *Piwi* von ihrem Stiefvater. Als sie sieben Jahre alt war das erste Mal. Sieben Jahre lang. Beendet hat Piwi es, indem sie es ihrer Mutter erzählt hat. Die Mutter hat Anzeige erstattet. Heute ist Piwi 16 Jahre alt. Helma Fehrmann hat mit Piwi gesprochen.

Was ist sieben Jahre lang passiert?

Der hat gefummelt. Der hat meine Hand genommen und da hingepackt, wo er sie normalerweise nicht hinpacken soll. Ick hab ihm gesagt, er soll das sein lassen. Dann wollte er das wieder und wieder. Er fing an, sich einen zu wichsen. In meiner Gegenwart. Mußt er mich anfassen beim Wichsen. Ick hab ihm gesagt, komm, laß das sein, mich kotzt das an. Er: »Mach ich nie wieder.« Am nächsten Tag wieder. Hat er immer wieder gemacht. Ich: »Rühr mich nicht an.« Hat er auch ausgesetzt, ein, zwei Tage, dann wieder. Eklig. Ja, det war eklig.

Meistens hab ick mir ein Kopfkissen übern Kopf gemacht. Bloß nicht ankieken. Mir wird so übel, wenn ick son Ding überhaupt schon sehe.

Da war dieses Ehebett. Da hat er mich ruffgeschmissen. Ick mich gewehrt, weggerannt, immer ums Bett rum, kam er mit einem

Seil an, hat mich angebunden. Ja, so angebunden und denn die Beene auseinandergemacht und dann so ... Und ick lag da und wußte nicht, was ick machen soll.
Ick hab geheult wie ein Schloßhund. Kam er an: »Wat weenste denn?«

Was passiert, wenn Piwi an ihren Stiefvater denkt?

Na, ick bin .. wie sagt man das? Muß mal erst das Wort finden. Ick bin irgendwie sauer. Ja, ick hasse ihn vielleicht ooch. Ick sage heute noch ab und zu Papa, oder Dieter. Momentan kann ick nur noch Stiefvater zu ihm sagen, wa. Er hat mein Vertrauen, wat ick ihm gegeben habe, mißbraucht. Er hätte doch auf mich aufpassen sollen. Er hat mir die Freiheit genommen bzw. meine Jugend. Aber er hat mir ooch Freiheit gegeben. Der war immer irgendwie da gewesen. Er war immer für mich da, wenn ick ihn gebraucht habe. Er hat mich nur zu früh an die Sache rangebracht.
Die Härte aller Korken: er sagt, ick hätte ihn immer so gereizt. Aber wo sollste denn hin mit deinem Arsch? Inne Mülltüte packen? Hauptsache, er hat irgendwie seine Befriedigung. Hat ihm gereicht.

Was passiert, wenn Piwi an ihre Mutter denkt?

Wenn sie mir nicht immer vorhalten würde, daß ick das mit Absicht gemacht habe. Das war doch kein Verhältnis! Aber das versteht sie nicht. Ich hab das doch nicht freiwillig über mich ergehen lassen. Unter Verhältnis stell ick mir wat anderes vor.
Als meine Mutter die Anzeige gemacht hat, hab ick gedacht, gewinnste vielleicht deine Mutter wieder, wa. Aber ick wußte janz jenau, daß das nie klappen würde. Wird auch nicht klappen, daß wir wieder zusammenkommen. Ick wünschte, sie würde mal in meiner Lage sein, so von klein auf. Möchte mal wissen, wie sie dann reagiert. Ob sie dann gleich zu ihrer Mama rennen würde und Mama, Mama, der hat mich angefaßt? Würde doch jeder denken, die hat ne Macke.

Was passiert, wenn Piwi an die noch ausstehende Gerichtsverhandlung denkt?

Die Anzeige war ein Schock für mich. Weil ick nicht wollte, daß ihm was passiert. Am Anfang war ick voll traurig gewesen. Wie kann man sowat machen mit einem Kind! Dann konnt ick nicht schlafen, naja, ick hab da immer nur noch dran gedacht. Einerseits hab ick gedacht, war total richtig, wat du gemacht hast, raus damit, wa. Aber irgendwie hat der mir ooch wieder leid getan. Daß ick ihn angeschissen hab. Ja, ick ihn angeschissen. Im Prinzip. Aber irgendwie bin ick ooch der Meinung, ick habs richtig gemacht. Aber wat is nu richtig?
Wird ja so kommen, daß Dieter abstreitet, wa. Daß er sagt, es war nichts. Und ich sage, es war was, dann steht Aussage gegen Aussage. Dann muß der Richter entscheiden, wat bei rauskommt. Wenn er Glück hat, wird er freigesprochen, aber das gloob ich weniger. Eins weeß ick. Daß er raus muß aus dem Gerichtssaal, wenn ick aussage. Sonst würd ick det janich durchstehen. Aber ick zieh die Sache durch.

Was passiert, wenn Piwi einen Freund hat, verliebt ist, mit ihm schlafen will?

Dann is det ... naja, runter, rüber, weg, ab. Ist janix also. ... Man ist irgendwie ne Puppe, macht die Beene breit, ruff, wieder runter. Bißchen da, bißchen hier, fertig. Is langweilig.
Aber ick versuch das immer wieder von Neuem. Bis irgendwat bei rauskommt.

Kein sexueller Mißbrauch bleibt ohne Folgen.
Auch wenn das Mädchen es nicht gleich bemerkt, auch der einmalige nicht, auch der verdrängte nicht. Sie äußern sich in Angst vor Menschen allgemein, speziell vor Männern.
Mädchen, die das erfahren haben, sind mißtrauisch gegenüber Beziehungen, haben Angst vor Nähe, Liebe, Sexualität.
Am schlimmsten aber ist, daß sie ihren eigenen Gefühlen, ihrer eigenen Wahrnehmung nicht mehr vertrauen. Nicht nur der Körper ist mißbraucht worden, auch ihr Vertrauen in die nahen, oft geliebten Menschen, den Vater, Stiefvater, Großvater, Bruder, Onkel, Bekannten, den Freund der Mutter ...

In der Situation des sexuellen Mißbrauchs lassen die Mädchen etwas über sich ergehen, stumm oder sich schlafend stellend, die eigenen Gefühle, wie Ekel, werden weggesteckt.
Es darf nicht darüber geredet werden.
Viele Mädchen halten den Mißbrauch so lange aus, verschweigen und vertuschen ihn, weil sie sich schämen. Sie fühlen sich mitschuldig, sei es, weil sie Geschenke oder Geld bekommen haben, sei es, weil der Vater sagt: »Wir haben uns doch beide so lieb.« Oder er sagt: »Wenn du was sagst, komme ich ins Gefängnis und du ins Heim.« Die Mädchen wollen die Familie nicht verlieren, wollen einen Ort haben, wo sie hingehören. Und deswegen schweigen sie.

Seit ungefähr drei Jahren wird auch in der BRD daran gearbeitet, Selbsthilfe-Gruppen aufzubauen, in denen Mädchen und Frauen, die sexuell mißbraucht worden sind, sich aussprechen können, Erfahrungen austauschen, Hilfe finden.
Die Gruppe »Wildwasser Berlin« e.V.
Modellberatungsstelle
Mehringdamm 50
1000 Berlin 61
Tel.: 030/786 50 17
gibt Auskunft über alle bestehenden Selbsthilfegruppen. Ruf dort an, wenn du nicht weißt, an wen du dich wenden sollst. Auf S. 170 findest du die Adressen der bis jetzt bestehenden Selbsthilfegruppen.

ICH HÄTT GENUG VERKEHR, WENN ICH EIN JUNGE WÄR

Ist jetzt alles geklärt? Weißt du jetzt genug, um dich ins (Liebes-)Getümmel zu stürzen? Und ist Wissen Macht? Kann dir nichts Unvorhergesehenes mehr passieren?
Wenn's so einfach wäre ...
Schon das Schreiben war für uns eine Gratwanderung: haben wir zuviel beschrieben oder zu wenig, zu allgemein oder zu detailliert? Sexualität ist mehr als Geschlechtsverkehr, und Liebe ist nochmal was anderes – das ist noch einfach zu benennen. Aber schnell landet man in der dünnen Luft von Allgemeinheiten, die ihre Wahrheit nur direkt in der Situation, im richtigen Leben erhalten, sonst schnell unverbindlich und falsch werden.
Was noch leicht zu beschreiben ist: das Funktionieren bestimmter Verhütungsmittel oder die medizinischen Vorgänge bei der Abtreibung, verführt zu der Annahme, wenigstens hier bewegen wir uns auf objektivem, neutralem, sachlichem Terrain, wenn schon die Liebesbeziehungen von jeder und jedem unterschiedlich erlebt werden, höchstens nachvollziehbar sind in den Geschichten, die wir erzählen. Aber wenn du genau hinschaust, sind selbst biologische »Tatsachen« wie z.B. die Menstruation geprägt durch die Geschichte, durch von Menschen gemachte (gesellschaftliche) Bedingungen des Lebens und Liebens. Und die haben sich verändert und sind deswegen auch veränderbar, auch wenn es scheint, als wären sie seit Ewigkeiten gleich. Im frühen Mittelalter zum Beispiel war die Liebe Gott vorbehalten, Sexualität in und außerhalb der Ehe war nicht an Liebe gebunden, so wie wir es heute als selbstverständliche Voraussetzung empfinden. Bis zum Anfang des 20. Jahrhunderts wurden Ehen noch vor allem aus Standes- und Vernunftgründen geschlossen, und natürlich gehörte Sexualität dazu, und sicher nicht nur aus Fortpflanzungsgründen, aber keine romantische Liebe. Wichtig ist für uns dabei nicht, ob das *besser* oder *schlechter* war, nur, daß es *anders* war. Es ist

keine 20 Jahre her, da hatte die Jungfernschaft für ein Mädchen noch eine Wahnsinnsbedeutung. Noch 1966 kam ein Buch auf den Markt und fand schnell weite Verbreitung, in dem zu lesen stand: »Der Mann wird instinktiv von der Jungfrau angezogen. Er möchte ein Land erkunden, das nicht von einem anderen Mann betreten wurde. Er nimmt jede Gefahr auf sich, um hohe Berge zu erobern. Er möchte auch andere Gebiete einnehmen und besiegen, von denen er wenig weiß. Es ist nur natürlich, wenn der Mann nach einer Jungfrau als Partnerin für seine Ehe sucht.« (in Kokken, Sexuelle Technik in Wort und Bild, Flensburg 1966).

Und heute – kaum noch eine Spur davon. Trotzdem gibt es immer noch eine andere Moral für Mädchen als für Jungen.

Als ich 17 war, habe ich die Auswirkungen dieser Doppelmoral überaus deutlich zu spüren gekriegt. Ich war verliebt und ging mit einem Jungen, der mit mir in einer Klasse war. In der Kleinstadt, in der wir lebten, »ging« man miteinander, aber man *ging nicht zu weit.*

Beim »ersten Mal« hatte ich wahnsinniges Herzklopfen, es war ja eigentlich alles verboten, und wir beide hatten null Erfahrung. Als wir zusammen im Bett lagen, sagte er plötzlich zu mir: »Du, die meisten Männer wollen eine Jungfrau heiraten, darüber mußt du dir klar sein, und ich heirate dich nicht.«

Ich war wie vereist. Und warum ich damals nicht ausgestiegen bin, mich angezogen habe und abgehauen bin, ist mir bis heute unbegreiflich. Daß die gleiche Sache mich abwertet und ihn aufwertet, weil ich eine Frau und er ein Mann ist – diese sachliche, für die damaligen Verhältnisse *wahre* Bemerkung, *das* hat mir die Unschuld geraubt.

Für mich und für viele Frauen in meinem Alter gab es durch die Pille erst die Möglichkeit eines anderen, angstfreieren Umgangs mit der Sexualität, und unser Kampf richtete sich gegen die doppelte Moral, der wir nicht nur bei unseren Eltern begegneten, sondern eben in anderer Weise auch nochmal bei den Männern, mit denen wir eine Liebesbeziehung hatten. Es war auch ein Kampf gegen eine rigide Sexualmoral in uns selbst. Wenn man zu uns gesagt hat: »Ihr dürft nicht vögeln«

(so offen haben sie's ja nicht gesagt, sondern verpackt in moralische Argumente scheinbarer »Objektivität«, etwa: »Du vergibst dir was« oder »Männer wollen keine Mädchen, die leicht zu haben sind«), dann war unser Argument: »Vögeln macht frei!« Doch so einfach ist es nicht. Aus so einer »Gegenposition«, einer »Hauruck«-Befreiung entsteht schnell neuer Streß. Jederzeit und überall zur Lust bereit sein, Lust-Leistung wird gemessen, und wer sich zurückhält, gilt schnell als zickig und prüde. Der Streß, daß Gefühle wie Eifersucht oder der Wunsch nach Geborgenheit und Treue *öffentlich* verpönt sind und sich heimlich und privat umso mehr austoben.
Man muß viel hören, bis einem die Ohren abfallen, sagt Pippi Langstrumpf.
Und du mußt viel erleben, bis du weißt, was du willst und es auch umsetzen kannst.
Am Anfang, in der ersten Verliebtheit ist es ja so, daß die Vorstellungen und Wünsche und Bedürfnisse nach Zärtlichkeit und Nähe und Zusammensein ähnlich oder gleich sind. Aber irgendwann tauchen Schwierigkeiten auf, gegenseitige Ansprüche, Verständnislosigkeit. Eine/r wird eifersüchtig, die/der andere ist nicht treu ... wieso warum weshalb?
Wie kommt es eigentlich, daß Liebe und Zuneigung sich so oft in Nichtverstehen, Vorwürfe, Unzufriedenheit und Gleichgültigkeit verwandeln?
Noch nie zuvor, denke ich, war die Liebesbeziehung mit und ohne Trauschein so beladen mit gegenseitigen Erwartungen nach unendlicher Liebe, die so Widersprüchliches in sich vereinen soll wie: Sicherheit und Abwechslung, Leidenschaft und Zärtlichkeit, Alltag und Abenteuer. Diese Ansprüche hält kaum eine Beziehung auf die Dauer aus.

Fränze ist zehn Jahre jünger als ich. Für sie war eine vergleichbare Situation beim »ersten Mal« schon nicht mehr vorstellbar: »Wenn der Junge, mit dem ich zum ersten Mal geschlafen habe, sowas zu mir gesagt hätte, ich wäre vor Lachen aus dem Bett gefallen. Mir hat's erst viel später mit einem anderen Freund die Augen geöffnet, als ich während einer lautstarken

Auseinandersetzung ihn verbal zu besiegen drohte. Ich hatte einfach die besseren Argumente, und kurz vorm Schachmatt habe ich plötzlich eine gescheuert bekommen, daß mir ganz anders geworden ist. Ich war völlig von den Socken, daß *mein eigener* Freund *mich* schlägt, und hab gebrüllt: ›Du darfst mich nicht hauen, du hast kein Recht dazu.‹ Worauf er mir gleich noch eine gescheuert hat. Da habe ich zurückgeschlagen, und auf einmal waren wir mitten in der wildesten Prügelei, aber diesmal war *er* der Stärkere und hat mich kleingemacht. Erst da habe ich kapiert, daß ich mir meine felsenfeste Überzeugung, daß ich gleichberechtigt bin, an den Hut stecken kann.«

Für Mädchen heute, denken wir, sind die Bedingungen für die Liebe und die Lust ein bißchen besser geworden. Vielleicht ist es euch möglich, aus einer »Antihaltung« gegen eine sexualfeindliche Gesellschaft eine Haltung zu entwickeln, die selbstverständlich von der eigenen Lust ausgeht und mit ihr umgeht, den verschlungenen Pfaden der Liebe und des Liebemachens nachspürt. Neugierig sein, frech und schüchtern, voller Lust und ganz und gar ohne, aggressiv und liebevoll, aktiv und passiv – nicht das eine oder das andere.
Darauf kommt es an, nicht auf die »Technik«, sondern auf die eigenen Ängste, Lüste, Lieben und Vorlieben – bei sich bleiben und die/den andere/n nicht aus dem Auge verlieren. Sich nichts gefallen lassen, alles ernst nehmen und sich kaputt lachen über die Ernsthaftigkeit, die Biederkeit, die Betulichkeit, die sich in euer Leben einnisten will.
Es geht ja manchmal auch anders als du denkst.

FOUR IN ONE

Ich kannte mal einen, der sah einfach saugut aus.
Lederjacke lässig geschultert, die Kippenschachtel unter das zerfetzte T-Shirt gesteckt. Oberarme wie ein halbwüchsiger Gorilla, ein bißchen zuviel, aber auf keinen Fall zu wenig. Und diese knallenge Hose, in der sein Feuerzeug so tief vergraben war, daß er sein Becken vom Barhocker nach vorne schieben mußte, um es rauszukriegen.
Ich starrte auf die schon fast weiße Stelle zwischen seinen Beinen. Mann, mußte der ein Ding in der Hose haben, daß die schon so abgewetzt war, an diversen Mädels geschubbert – bis das Beinkleid platzt, demnächst.
Er zahlte seine und meine Zeche, und dann schob er mich vor sich her zum Ausgang. Ich kannte noch nicht mal seinen Namen. Wolfgang, Wolfi, Andy, Johnny, Steve. Er hieß bestimmt Stevie. Super Stevie.
Er legte seinen Arm um mich.

Draußen vor der Halle stand ein Wahnsinnsmotorrad. Ein rotweißes Riesenmonster, auf dessen Bauch ich lesen konnte: Honda Bol D'Or 900. Vollverkleidung an den Seiten. Um diese Maschine herum waren viele kleine und große Jungs, fachsimpelten und bewunderten sie um die Wette.
»Die Verkleidung is' ja echt stark, Mann.«
Mein Begleiter antwortete ihm nicht, schnallte sich den Nierengurt um die Hüften und gab mir seinen Helm. Dann bleibt wenigstens mein Kopf übrig.
»Was geht'n die Spitze?« fragte ein zweiter.
Aber er antwortete immer noch nicht, es schien, als müßten die erst das richtige Stichwort geben, bevor er reden würde. Plötzlich sagte ein dritter irgendwas von Desmodronic und exakteren Steuerzeiten, da brach er sein Schweigen:
»Ja, die zieht ab wie'ne Granate.«
Dann ging es zwischen den beiden hin und her, daß den anderen die Gabelstabies und Sportnockenwellen nur so um die Ohren

flogen. Der Dritte sagte zum Schluß noch mit ganz glasigen Augen: »Und die Four in One-Anlage is' so saugeil.«
Desmodronic war das Zauberwort gewesen, und ich begriff: nicht die Schale an diesem Irrsinnsgerät mit seinen tausend verschiedenen Knöpfchen und Schaltern und Leuchten war wichtig, sondern vielmehr die Feinheiten, die Geheimnisse, die Seele. Denn jeder weiß: Nur die inneren Werte zählen, auf Äußerlichkeiten soll man keinen Wert legen, die sind Nebensache.
Er bückte sich, und ich konnte ihn das erste Mal von hinten sehen. Das war ein Knackarsch! Dann machte er eine Kopfbewegung zu mir: Wir gehen, klopfte dem neuen Freund auf die Schulter und warf sich auf das Motorrad. Ich schwang mich brav hinter ihn, schlang meine Arme um seinen Leib, und wir rauschten ab.

Sein Schlafzimmer war keine Liebeshöhle, sondern eher eine Liebeszelle. Kleiderschrank, Stuhl, Doppelbett, Nachttisch, alles aus hellblondem Kiefernholz, hochglänzend lackiert und mit goldenen Schlüsselchen. Fliederfarbene Wände, auf dem Bett lag eine Raubtier-Synthetic-Decke, darüber hing ein David Hamilton-Poster, auf dem sich zwei blutjunge Mädchen gegenseitig ihre knospenden Brüste berührten, weichgezeichnet. Seitlich vom Schrank waren etwa dreihundert Bierdeckel fein säuberlich Stück für Stück an die Wand geklebt. Neben dem Nachttisch lachte ein kleines Comic-Eskimomädchen von einer ovalen Holzscheibe, und am Kopfende vom Bett waren zwei Spots montiert, die man mit einem Dimmer hell und dunkel drehen konnte. Je nach Lust und Laune und Stimmung.
Er kickte seine Stiefel in die Ecke, zog die Lederjacke aus und legte eine Schmalzplatte auf. Für jeden Anlaß die richtige Musik. Dann zog er sich ganz aus, ich glotzte auf seine Muckis und seinen makellosen Oberkörper. Er sah toll aus, war leckerlecker leicht gebräunt. Ich stand noch immer in voller Montur da, nur den Helm hatte ich schon abgenommen, macht sich nicht so gut mit dem Ding auf dem Kopf im Schlafzimmer.
Socken weg, Hosen runter, das war ein echter Strip. Er schmiß sich in das braun-orange geblümte Frottéebett und drehte das Licht leise.

Wir hatten in der Bar das letzte Mal miteinander geredet, und da waren schon nicht zuviel der Worte gewechselt worden.

»Sag mal, wie heißt du überhaupt?«

»Ich heiß Rüdi.«

Das war besser, als alles andere, was ich bisher gehört hatte. Matze Brecher und Volker Utz ließen sich jeweils von ihren Freunden »Kotze« und »Futzi« nennen. Aber »Rüdi« stellte einfach beides in den Schatten.

Ich zog mich aus, und als ich bei der Unterhose war, dachte ich kurz ans Abhauen. Aber man soll ja spontan sein und flexibel. Vielleicht würde ich die Nacht aller Nächte heute erleben. Stille Wasser sollen tief sein ... und das Abenteuer lockte ... Ich legte mich neben ihn und wollte sehen, wie der Film hier weiter geht: Der machte wirklich keine Zicken. Kaum lag ich flach, hatte ich seine Hand an der Möse, keine Zeit, dreimal zu atmen, geschweige denn nur einmal an ihm zu riechen. Vor zwei Minuten stand ich noch in Kleidern daneben, jetzt war ich mittendrin und in weiteren zwei Minuten würde es womöglich wieder vorbei sein. Rein, raus, fertig, was man nicht so alles erleben kann. Da lag er auch schon auf mir. Ruckizucki, das wird ein Quicky. Ich schob ihn wieder runter, das ging mir so zu schnell. Aber als ich ihm meine Hand nur auf den Bauch legen wollte, drehte er sich weg. Und kaum drehte ich mich auch auf die Seite, lag er wieder über mir. Das war ein komisches Spielchen. Beim dritten Mal streichelte ich ihm den Rücken und dachte, er würde ein bißchen zarter werden, aber er wurde nicht, und nach anderthalb oder zwei Minuten war's zu Ende. Langweiliger als Bierdeckelsammeln.

»Na, wie war's?«

Das konnte nicht sein Ernst sein. Erst »Rüdi« und dann noch das, der machte seinem Namen wirklich alle Ehre.

»Beschissen.«

Ich kraulte seinen Rücken und streichelte über seinen schönen glatten Hintern. Das ließ er sich gefallen, und auf einmal war mir klar: An der Vorderseite war irgendwas nicht O.K. Ich mußte fast lachen. Er rollte sich von mir runter auf den Bauch.

»Das hat echt noch keine zu mir gesagt.«

»Dann wird's aber mal Zeit, finde ich.«

»Das hat echt noch keine gesagt, echt nicht. Was meinst'n mit beschissen?«

»Ich meine mit beschissen: Das war ein Blindgänger.«

»Echt?«

»Ja, ganz echt.«

Er zog mit zusammengekniffenen Augen an der Zigarette, blies den Rauch wie Django durch die Nase und sagte:

»Du warst auch nicht gut.«

Da faßte ich ihm von hinten zwischen die Beine, und das Geheimnis war gelüftet: Er hatte nur ein Ei. Das andere hatten sie ihm mal abmontiert, dem armen Kerl.

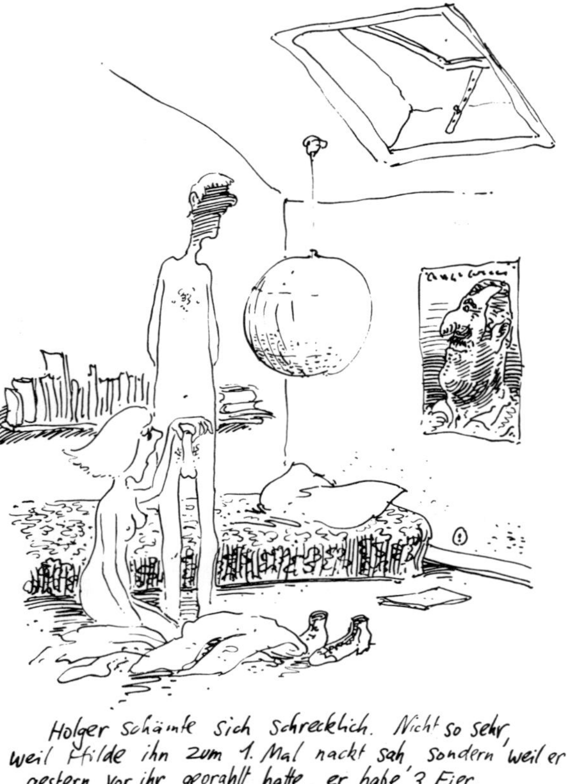

Aus F. K. Waechter: Wahrscheinlich guckt wieder kein Schwein.
© mit freundlicher Genehmigung des Diogenes Verlages

FRAUENZENTREN, FRAUEN- UND MÄDCHENPROJEKTE

Stand April 91
UFV: Unabhängiger Frauenverband

5100 Aachen: »Schwarze Witwe«, Frauenkultur- und Kommunikationszentrum, Maxstr. 4, Tel.: (0241) 50 59 22
7080 Aalen: Frauenzentrum, Wilhelm-Merz-Str. 4, Tel.: (07361) 625 80
4422 Ahaus: Gruppe für Alleinerziehende, c/o Hedwig Kuczwalska, von Heydenstr. 11, Tel.: (02561) 37 43
8750 Aschaffenburg: Frauenzentrum, Herrleinstr. 21, Tel.: (06021) 243 99
»SEFRA« e.V., Selbsthilfe- und Beratungszentrum für Frauen, Bodelschwinghstr. 16, Tel.: (06021) 247 28
6430 Bad Hersfeld: Frauentreff, Am Neumarkt 17-19, Tel.: (06621) 701 13
6550 Bad Kreuznach: Freuentreff, Lauergasse 7, Tel.: (0671) 276 43
Ehe-, Familien- und Lebensberatungsstelle des Bistums Trier, Salinenstr. 79, Tel.: (0671) 24 59
8600 Bamberg: Frauentreff, Café, Kultur und Beratung, Luitpoldstr. 10 Rgb., Tel.: (0951) 279 37
O-8600 Bauzen: UFV, c/o Karin Hennig, Taschenberg 7
5060 Bergisch-Gladbach: »Hexenkessel«, Frauenzentrum, Gartenstr. 5, Tel.: (02204) 573 30
1000 Berlin: Frauenzentrum, Stresemannstr. 40, Berlin 61, Tel.: (030) 251 09 12
»Schokofabrik«, Frauenstadtteilzentrum Kreuzberg, Naunynstr. 72, Tel.: (030) 65 29 99
Frauenladen, Nazarethkirchstr. 42, Berlin 65, Tel.: (030) 455 20 93
Autonomes Mädchenhaus, Gneisenaustr. 2a, Berlin 61, Tel.: (030) 792 04 88
Fraueninfothek, Leibnizstr. 57, Berlin 12, Tel.: (030) 324 50 78
»FFGZ«, Gesundheitszentrum, Bambergerstr. 51, Berlin 30, Tel.: (030) 213 95 97
»THEFRA«, Therapie und Beratung, Gitschiner Str. 91, Berlin 62, Tel.: (030) 614 19 08
O-1058 Berlin: Frauenzentrum Prenzlauer Berg, Prenzlauer Allee 6, Tel.: (02) 436 49 69
O-1035 Berlin: »BAF«, Berliner Autonomes Frauenzentrum, c/o Angelika Kotyrba, Gryphiusstr. 24, Büro: Choriner Str. 9
O-1143 Berlin: »Marie«, Frauenzentrum Marzahn, Heinrich-Rau-Str. 384, Tel.: (02) 331 13 54
O-1150 Berlin: »Matilde«, Frauenzentrum Hellersdorf, Stendaler Str. 168
O-1100 Berlin: Frauenzentrum Pankow, Schulstr. 6
4800 Bielefeld: Frauenzentrum, Am Zwinger 16, Tel.: (0521) 686 67

4630 Bochum: »Tra di noi«, Frauenzentrum und -café,
Oskar-Hoffmann-Str. 109
5300 Bonn: Frauenhaus 1 (autonom), Postfach 17 02 67, Tel.: (0228) 63 53 69
Beratungsstelle »Frauen helfen Frauen«, Endenicher Str. 14,
Tel.: (0228) 65 95 00
»Azade«, Mädchenladen, Dorotheenstr. 20
Frauenberatungsstelle »TUBF« e.V., Dorotheenstr. 1-3,
Tel.: (0228) 65 32 22
4280 Borken: Frauengruppe, An der Nathe 21
O-1800 Brandenburg: UFV, c/o Heidrun Meier, Vereinsstr. 35
3300 Braunschweig: »Spinsters«, Kultur- und Kommunikationszentrum,
Gliesmaroder Str. 1, Tel.: (0531) 33 29 86
Mädchenhaus e.V., Frauenverein zur Förderung feministischer
Mädchenarbeit, c/o Frauencafe Lilith, Rosenstr. 6,
Tel.: (0531) 33 02 77 / 722 14
Frauenhaus-Beratungsstelle, Hamburger Str. 239, Tel.: (0531) 32 11 13
2800 Bremen: Frauenhaus, Postfach 10 67 51, Tel.: (0421) 34 95 73
Café im Frauenkulturhaus, Auf der Kuhlen 34, Tel.: (0421) 70 16 32
»Belladonna«, Kultur-, Kommunikations- und Bildungszentrum für
Frauen e.V., Sonnenstr. 8, Tel.: (0421) 70 35 34
Mädchenhaus e.V., Dobbenweg 9, Tel.: (0421) 776 56
O-2620 Bützow: UFV, c/o Tatjana Burchert, Leninring 26
7260 Calw-Heumaden: Frauen Forum, Wielandstr. 6,
Tel.: (07051) 300 96 / 307 17
3100 Celle: Frauengruppe, Bredenstr. 16a, Tel.: (05141) 479 95
O-9010 Chemnitz: UFV, c/o Haus der Parteien, Karl-Marx-Allee 12
und Postfach 916, Tel.: (071) 655 21 23
8630 Coburg: Frauenzentrum, Mohrenstr. 3/I, Tel.: (09561) 901 55
O-7600 Cottbus: UFV, c/o Sylvia Sandros, Straße der Jugend 154
6100 Darmstadt: Frauenzentrum, Pallaswiesenstr. 57a, Tel.: (06151) 29 32 06
2870 Delmenhorst: Frauentreff, Oldenburgerstr. 186
Frauentreff, Luisenstr. 8
6110 Dieburg: Frauenzimmer e.V., Am Bahnhof 15, Tel.: (06071) 215 70
4600 Dortmund: Kulturzentrum, Adlerstr. 43-45, Tel.: (0231) 14 08 21
Beratungsstelle für Frauen, Schliepstr. 6, Tel.: (0231) 52 10 08
4406 Drensteinfurt: Frauengruppe, c/o Brigitte Boden, Merschwiese 22
Tel.: (02508) 88 85
O-8060 Dresden: »Komm«, Frauenzentrum, c/o Liane Griedel, Erlenstr. 17
UFV, Devrientstr. 4, 8010 Dresden, Tel.: (051) 495 60 55
5160 Düren: Frauengruppe, c/o Jentner, Kuhgasse 2
Frauen- und Kindersportverein, c/o Nika Robrock,
Eb.-Hoesch-Str. 122, Tel.: (02421) 521 66
Offenes Frauenzimmer im KOMM, Josef-Schregel-Str. 54
Frauenhaus und Beratungsstelle, Josef-Schregel-Str. 52,
Tel.: (02421) 173 55

4000 Düsseldorf: Frauenkommunikation e.V., Luisenstr. 7,
Tel.: (0211) 37 81 06
Mädchenhaus e.V., Ackerstr. 144, Tel.: (0211) 68 68 54
Notruf und Beratung, Ackerstr. 11, Tel.: (0211) 68 68 54
4100 Duisburg: Beratungsstelle und Treff, Kaiser-Wilhelm-Str. 264a,
Tel.: (0203) 40 98 03
Frauentreff Laar, Friedrich-Ebert-Str. 116
O-1300 Eberswalde: Initiative Frauenzentrum, c/o Claudia Fonfara,
Wilhelm-Pieck-Str. 20, Tel.: (0371) 223 98
6719 Eisenberg: Frauengruppe, c/o »Ulenspiegel«, Hauptstr.
O-1220 Eisenhüttenstadt, UfV, c/o Silke Schüler, Friedrich-Liszt-Str. 22,
Tel.: (0375) 12 20
2200 Elmshorn: Frauentreff, Königstr. 37 (Ramelowpassage),
Tel.: (04121) 12 29
4240 Emmerich: »Lila Punkte«, Frauengruppe, c/o Sabine Siebers,
Ebertstr. 4, Tel.: (02822) 522 49
O-5080 Erfurt: Frauenzentrum, Treff, Beratung und Kurse,
Espachstr. 3, Tel.: (061) 260 68
6000 Frankfurt/Main: »FeM«, Feministische Mädchenarbeit e.V.,
Hinter den Ulmen 19, Frankfurt 50, Tel.: (069) 53 10 70
Mädchen-Café-Treff, Hufnagelstr. 14, Tel.: (069) 738 18 88
Mädchenhaus, c/o Feministische Mädchenarbeit
»FFGZ«, Gesundheitszentrum, Hamburger Allee 45,
Tel.: (069) 70 12 18
Frankfurter Frauenschule, Hamburger Allee 45,
Tel.: (069) 77 26 49/59
»FFM«, Frauenkulturinitiative, Egenolffstr. 5a, Tel.: (069) 494 01 30
Softwarehouse für Frauen und Mädchen, Hamburger Allee 45,
Tel.: (069) 70 25 90
Selbstverteidigung und Taekwondo-Trainingszentrum, Gaußstr. 12,
Tel.: (069) 495 07 10
»FIB«, Frauen in Bewegung, Taekwondo und Selbstverteidigung,
Zum Schäferkoppel 201, Tel.: (069) 67 49 99
Verein für Selbstverteidigung, Leipziger Str. 33
O-1200 Frankfurt/Oder: UFV, Büro: Bergstr. 155, Tel.: (030) 621 37
und c/o Ulrike Markert, Große Scharnstr. 23a
»ARTIG«, Frauengruppe, c/o Constanze Rehfeld und Uta Röder,
Rosa-Luxemburg-Str. 42, Tel.: (030) 231 17
7800 Freiburg: Frauenzentrum, Schwarzwaldstr. 107, Tel.: (0761) 333 39
Mädchentreff, c/o Siggy Stempel, Turnseestr. 15, Tel.: (0761) 70 28 05
6460 Gelnhausen: Frauenzentrum, Obermarkt 13, Tel.: (06051) 150 03
O-6500 Gera: Interessengemeinschaft Anderes Ufer, c/o Club der Jugend,
Puschkinplatz; c/o Postfach 46
6300 Gießen: Notruf und Frauenhaus, Reichenberger Str. 7a,
Tel.: (0641) 314 38

Zentrum für Frauenkooperativen, Wilhelmstr. 15, Tel.: (0641) 749 52
Frauen- und Mädchenberatung e.V., Weserstr. 5, Tel.: (0641) 344 30
7320 Göppingen: Frauenzentrum, Lange Str. 8, Tel.: (07161) 769 69
3380 Goslar: Frauenzentrum, Zehntstr. 24, Tel.: (05321) 422 55
O-5800 Gotha: Maxi-Frauen/UFV, Gadollastr. 7, Tel.: (0622) 552 86
O-2200 Greifswald: UFV, c/o Sabine Gierth, Postfach 117
O-2600 Güstrow: Fraueninitiativgruppe/UFV, c/o Heike Müller, Straße der Befreiung 71
5800 Hagen: Frauenladen, Bodelschwinghplatz 5, Hagen-Wehringhausen
O-3600 Halberstadt: UFV, c/o Monika Tangermann, J.-Gagrin-Str. 12
O-4020 Halle: UFV, Büro: Reformhaus Große Klausstr. 11, Tel.: (046) 255 37
2000 Hamburg: »Dolle Deerns« e.V., Verein zur Förderung feministischer Mädchenarbeit, Juliusstr. 16/Lippmannstr. 16, Hamburg 50, Tel.: (040) 439 41 50
Mädchenhaus, Schutz vor Gewalt, Feuerbergstr. 43, Hamburg 63, Tel.: (040) 63 20 02 65
Mädchentreff, Kirchhof-Süd, Erlenring 7, 2102 Hamburg 93, Tel.: (040) 754 21 98
»FFGZ«, Frauengesundheitszentrum, Bismarckstr. 122, Hamburg 20, Tel.: (040) 420 34 34
»KALA«, Zentrum für Frauenbewegung und Kultur International, Hospitalstr. 20, Hamburg 50, Tel.: (040) 38 96 28
»Kampfkatzen«, Frauen- und Mädchenprojekt für Karate und Körperarbeit, Borselstr. 9, Hamburg 50, Tel.: (040) 58 60 11
4700 Hamm: Frauenzentrum, Feidikstr. 3, Tel.: (02381) 265 56
Frauenberatung Hamm e.V., Ostenwall 11, Tel.: (02381) 131 04
6450 Hanau: Frauentreff, Jakob-Rulmann Str. 10, Tel.: (06181) 268 67
Beratung für Frauen und Mädchen, Postfach 1420, Tel.: (06181) 268 67
2240 Heide: Frauenzentrum, Bahnhofstr. 29, Tel.: (0481) 886 12
7920 Heidenheim: Frauenzentrum, Postfach 1270
Frauen- und Kinderschutzhaus, Postfach 1332, Tel.: (07321) 240 99
O-7930 Herzberg: UFV, c/o Sylvia Kühne, Torgauer Str. 3
8670 Hof: Initiative, c/o Anneliese Birkmann, Am Otterberg 124, Tel.: (09281) 581 40
6580 Idar-Oberstein: Frauengruppe, c/o Doris Müller, Alte Talstr. 22, 6580 Kirschweiler
O-3705 Ilsenburg: UFV, c/o Christl Schulze, Thälmannplatz 5
8070 Ingolstadt: Frauengruppe, Schulstr. 9
O-6900 Jena: Fraueninitiative, Engelplatz 10, Tel.: (078) 223 36
7500 Karlsruhe: Frauentreff und -café, Körnerstr. 40
Selbsthilfe, Beratung und Information, Viktoriastr. 9, Tel.: (0721) 254 46
»BIFF«, Beratung, Information, Karlstr. 74

3500 Kassel: Frauenzentrum, Goethestr. 44 (Eingang Reginastr.), Tel.: (0561) 77 22 44
»Schwarze Winkel«, Autonomes Frauenhaus Kassel, Postfach 1011, Tel.: (0561) 89 88 89
7640 Kehl: Frauengruppe, c/o Elke Schrade, Im Hintereck 4, Tel.: (07853) 730
8960 Kempten: »Lila Distel«, Frauenzentrum, Kapellenplatz 3, Tel.: (0831) 155 86
2300 Kiel: Frauenzentrum, Knooper Weg 32 (Hof), Tel.: (0431) 944 49
Landeshauptstadt Kiel-Treffpunkt für arbeitslose Mädchen, Rendsburger Landstr. 29, Kiel 1, Tel.: (0431) 68 58 70
»LOTTA« e.V., Autonomes Mädchenhaus, Kaiserstr. 58, Kiel 14, Tel.: (0491) 73 37 75
4190 Kleve: Frauenkontaktladen, Markstr. 18
5400 Koblenz: Autonome Gruppe, c/o Sylvia Helesic, Postfach 603
5000 Köln: Buchladen und Café, Moltkestr. 66, Tel.: (0221) 52 31 20
O-8293 Königsbrück, UFV, c/o Frauke Althoff, Fürtweg 28
5330 Königswinter: Frauenzentrum, Bismarckstr. 6, Tel.: (02223) 34 03
4150 Krefeld: Notruf und Beratung für Frauen und Mädchen, Nordstr. 97, Tel.: (02151) 80 05 71
3014 Laatzen: Frauentreff, Eichstr. 22, Tel.: (0511) 86 86 70
7630 Lahr: Frauenzentrum, Kaiserstr. 80
8300 Landshut: Frauenhausinitiative, Am Oberquai 4, Tel.: (0871) 248 79
O-7030 Leipzig: Fraueninitiative und Initiative Frauenhaus, c/o Haus der Demokratie, Bernhard-Göring-Str. 152, Tel.: 391 11 62 / 31 21 02
Frauengruppe Leipzig, Kathrin Schwab, Thälmannstr. 31, 6060 Zella-Mehlis
Frauengruppe bei der AG Rosalinde, Haus der Volkskunst, Wilhelm-Liebknecht-Platz (7033)
8990 Lindau: »Frauenzimmer«, Frauengruppe e.V., Frauenbuchladen, Bürstergasse 7, Tel.: (08382) 287 35
4450 Lingen: Autonome Frauengruppe, Kaiserstr. 28
7140 Ludwigsburg: »Nora«, Mädchen- und Frauenkulturzentrum, Hahnenstr. 47, 7140 Ludwigsburg-Eglosheim, Tel.: (07141) 343 80
O-1720 Ludwigsfelde: Frauengruppe, c/o Christine Schulz, Rehstr. 1
2400 Lübeck: »Aranat«, Frauenzentrum, Dankwartsgrube 48, Tel.: (0451) 738 27
5880 Lüdenscheid: Frauenhaus, Postfach 1584, Tel.: (02351) 86 00 43
O-3011 Magdeburg: Frauenzentrum und UFV, Porse-Privat-Weg 14, Tel.: (091) 449 92
6500 Mainz: Frauenzentrum, Goethestr. 38, Tel.: (06131) 61 36 76
»Frauen helfen Frauen« e.V., Postfach 4043, Mainz 1, Tel.: (06131) 22 10 10 / 61 20 10
»FemMa« – Verein zur Förderung feministischer Mädchenarbeit e.V., Raimundistr. 2, Mainz 1, Tel.: (06131) 61 30 68

3550 Marburg: Frauenzentrum und -café, Renthof 18,
Tel.: (06421) 635 70
O-Meissen: Initiative Frauenzentrum, c/o Kristin Thöring,
Pfarrgasse 5, Postfach 305.06, Tel.: (053) 82 50
5750 Menden: Frauentreff, Wasserstr. 12, Tel.: (02373) 181 41
4470 Meppen: Autonome Frauengruppe, Herzog-Arenberg-Str. 33,
Tel.: (05931) 74 67
4950 Minden: »KEE«, Frauentreffpunkt, Umradstr. 25, Tel.: (0571) 207 02
4330 Mühlheim / Ruhr: Frauenzentrum und -café, Teinerstr. 16,
Tel.: (0208) 38 42 73
8000 München: »Treibhaus«, Frauenzentrum, Güllstr. 3, München 2,
Tel.: (089) 725 42 71
»I.M.M.A.«, Initiative Münchner Mädchenarbeit e.V., Kontakt- und Informationsstelle, Westermühlstr. 22, München 5,
Tel.: (089) 201 47 70
»I.M.M.A.«, Initiative Münchner Mädchenarbeit e.V., Baldestr. 8, München 5, Tel.: (089) 201 47 70
Zufluchtsstelle des Mädchenhauses der »I.M.M.A.« e.V.,
Tel.: 18 36 09
»Mädchenpower«, Treffpunkt / Café für Mädchen und junge Frauen, Baldestr. 16, München 5, Tel.: (089) 201 63 63
Mädchenprojekt im Treibhaus, Güllstr. 3, München 2,
Tel.: (089) 725 51 12
Jugendinformationszentrum, Paul-Heyse-Str. 22, München 2,
Tel.: (089) 53 16 55
»Evangelischer Beratungsdienst für Mädchen und Frauen« mit Wohnheim, Heßstr. 12, München 40, Tel.: (089) 28 82 85
»KOFRA«, Kommunikationszentrum für Frauen zur Arbeitssituation e.V., Baldestr. 8 Rgb., München 5, Tel.: (089) 201 04 50
Frauenforum, c/o KOFRA, Baldestr. 8, München 50,
Tel.: (089) 201 04 50
Frauentreffpunkt Neuperlach, Oskar-Maria-Graf-Ring 20-22, München 83, Tel.: (089) 670 64 63
»G.I.F.T.«, Giesinger Frauentreff, St.-Martin-Str. 1, München 90,
Tel.: (089) 69 52 89
»Weiberwirtschaft«, Frauen gehen zu Frauen e.V., c/o Frauenzentrum, Güllstr. 3, München 2, Tel.: (089) 725 42 71
Verein für Frauen Kultur e.V., Baldestr. 8 Rgb., München 5,
Tel.: (089) 201 36 26
Frauenkulturhaus, Richard-Strauß-Str. 21, München 80,
Tel.: (089) 470 52 12
4400 Münster: Beratungsstelle »Frauen helfen Frauen« e.V.,
Hansaring 32b (Hinterhaus), Tel.: (0251) 676 66
O-4800 Naumburg: UFV, c/o Ursula Schütze, Schönburger Str. 32
O-2000 Neubrandenburg: UFV, c/o Maren Kettner, Neutorstr. 14

O-1950 Neuruppin: UFV, c/o Petra Torjus, Otto-Grotewohl-Str. 2, Tel.: (0362) 53 16
7440 Nürtingen: Frauenstammtisch, Lebermannstr. 118/I
Frauenzentrum, Neckarstr. 16a
»FFGZ«, Frauengesundheitszentrum, Postfach 1101, 7448 Wolschlungen, Tel.: (07022) 547 43
6050 Offenbach: Frauenzentrum, Groß-Hasenbachstr. 35, Tel.: (069) 81 65 57
2900 Oldenburg: Frauenzentrum, Ziegelhofstr. 16
Frauentherapie- und -beratungszentrum, Huntestr. 22, Tel.: (0441) 259 28
O-2850 Parchim: UFV, c/o Kristina Ruickoldt, Otto-Grotewohl-Str. 12, Tel.: (0853) 54 40
8390 Passau: Frauenzentrum, Spitalhofstr. 62a, Tel.: (0851) 553 67
O-1570 Potsdam: Frauenzentrum, Kontakt-, Info-, Bildungszentrum und Schutzwohnung, Leninallee 189
UFV, Otto-Nuschke-Str. 54, 1560 Potsdam, Tel.: (033) 223 83
O-2130 Prenzlau: UFV, c/o Angelika Grünwald, Rudolf-Breitscheid-Str. 20
7980 Ravensburg: »Frau und Kultur«, Frauenzentrum, Frauenstr. 1a, Tel.: (0751) 338 59
4350 Recklinghausen: Frauenzentrum, Am Lohtor 1, Tel.: (02361) 154 57
8370 Regen: Frauengruppe, c/o Barbara Lange, Waldinger Str. 28 Tel.: (08453) 86 99
7410 Reutlingen: Frauenzentrum, Lederstr. 86/I, Tel.: (07121) 32 01 30
O-9290 Rochlitz: UFV, c/o Elke Gersdorf, Am Regenbogen 24
O-2500 Rostock: UFV, Thälmannplatz 12, Tel.: (081) 235 91/2
6090 Rüsselsheim: Frauenzentrum, Haßlocher Str. 150, Tel.: (06142) 571 71
2380 Schleswig: Frauenzentrum, Lange Str. 36, Tel. (04621) 255 44
O-1330 Schwedt: UFV, c/o Regina Poppe, Wilhelm-Pieck-Str. 56
8720 Schweinfurt: »Chrysalis«, Feministisches Frauenzentrum, Niederwerner Str. 5
O-2750 Schwerin: Fraueninitiative/UFV, Büro: Großer Moor 2-6, Tel.: (084) 81 22 89
O-2001 Schwichtenberg: Frauen im Aufbruch/UFV, c/o Erika Gebser, Pfarrhaus
O-1210 Seelow: UFV, c/o Jutta Baum, E.-Thälmannstr. 33
6720 Speyer: Frauenzentrum, Herdstr. 7, Tel.: (06232) 288 33
»Labyrinth«, Kultur- und Bildungsstätte im Frauen Notruf, Herdstr. 7, Tel.: (06232) 288 33
3060 Stadthagen: Frauenzentrum, Windmühlenstr. 31, Tel.: (05721) 910 48
O-3500 Stendal: »Lustige Weiber«, Initiative, c/o Erika Böhm, J.-Curie-Str. 42
7000 Stuttgart: Frauenzentrum, Kernerstr. 31, Tel.: (0711) 29 64 32
»Sarah«, Kulturzentrum für Frauen, Johannesstr. 13, (0711) 62 66 38
Mädchentreff und Beratungsstelle, Hackstr. 2, Tel.: (0711) 28 45 98

O-6000 Suhl: Frauen jetzt/UFB, Büro: Dr.-Th.-Neubauer-Str. 6,
Tel.: (066) 200 10
2991 Surwold: Frauengesprächs- und Arbeitskreis, c/o G. Hellinger,
Schützenweg 20
O-1231 Taucha: »Die Arbeit beginnt erst«, c/o Britta Grünke, Dorfstr. 37
O-2061 Tressow: Unabhängige Landfrauen/UFV, c/o Dr. Ursula Eisl,
Dorfstr. 22
5500 Trier: Frauenzentrum, Saarstr. 38, Tel.: (0651) 401 19
5210 Troisdorf: Frauenzentrum, Hippolytusstr. 17, Tel.: (02241) 722 50
7400 Tübingen: Frauenhaus, Postfach 1528, Tel.: (07071) 666 04
»TIMA« e.V., Tübinger Initiative Mädchenarbeit, Brunnenstr. 18,
Tel.: (07071) 218 49
7900 Ulm: Frauenzentrum, Hinter dem Brot 9, Tel.: (0731) 670 57
4060 Viersen: Frauenzentrum, Am Klosterweiher 50, Tel.: (02162) 187 16
7730 VS-Villingen: Frauenzentrum, Brigachstr. 15, Tel.: (07721) 44 76
O-1292 Wandlitz: UFV, c/o Annemarie Paehr, Prenzlauer Chaussee
4410 Warendorf: Frauenzentrum, Klosterstr. 1, Tel.: (02581) 609 75
O-5300 Weimar: UFV und Bibliothek, Büro: Goetheplatz 9b,
Tel.: (0621) 24 46
O-4850 Weissenfels: UFV, c/o Bettina Kraus, Nikolaistr. 4
6330 Wetzlar: Frauenhaus e.V., c/o Notruf und Beratung,
Arnsburger Gasse 6, Tel.: (06441) 463 64
Mädchen-Café und Beratung, Kornmarkt 6, Tel.: (06441) 451 07
6200 Wiesbaden: Beratungsstelle, Adlerstr. 7, Tel.: (0611) 512 12
Mädchentreff, Beratung und Bildung, Römerberg 24,
Tel.: (0611) 515 18
2940 Wilhelmshaven: Frauenzentrum, Börsenstr. 122
O-2400 Wismar, UFV, Lübschestr. 34
O-4600 Wittenberg: »Die Brennesseln«, Frauengruppe, c/o Vivienne Tonn,
Lerchenbergstr. 85
O-1930 Wittstock: UFV, c/o Gabriele Benack, Kettenstr. 74
3180 Wolfsburg: Frauenforum, c/o Ruthild Tillmann,
K.-Schumacher-Ring 40
»Donna Wetter«, Verein zur Förderung feministischer
Mädchenprojekte, Braunschweiger Str. 12, Tel.: (05361) 120 58
»Deswegen«, Mädchengruppe, c/o Jugendhaus Ost,
Walter-Flex-Weg 2, Tel.: (05361) 28 22 73
8700 Würzburg: Frauenzentrum, Petrinistr. 15, Tel.: (0931) 28 41 80
5600 Wuppertal 1: »Urania«, Kultur- und Musikzentrum, Stiftstr. 12-14,
Tel.: (0202) 44 99 68
Mädchentreff, Ludwigstr. 34, Tel.: (0202) 45 45 05
Frauen Beratung und Selbsthilfe e.V., Kieselstr. 41,
Tel.: (0202) 42 39 46

Österreich

Amstetten: Frauentreffpunkt, Preinsbacherstr. 12, Tel.: (07472) 632 97
Braunau/Inn: Frauenarbeitsgruppe, Webereistr. 1, Tel.: (07722) 398 92
Bregenz: Notruf, Tel.: (05574) 236 01
Frauenhaus, Tel.: (05574) 371 41
Feldkirch: Frauenhaus, Tel.: (05522) 278 55
Graz: Fraueninitiative »Fabrik«, Plüddemanngasse 47a, Tel.: (0316) 411 79
»Mafalda«, Beratung und Betreuung erwerbsloser Mädchen, Afritschgasse 35
Grieskirchen: Frauengruppe, Roßmarktstr. 1, Tel.: (07248) 40 97
Hallstein: Sektion Frauentreffpunkt, c/o Ute Reschreiter, Krautgasse 8
Hollabrunn: Frauenzentrum, Koliskoplatz 5/I, Tel.: (0222) 428 54 62
Innsbruck: Frauenzentrum, Michael-Gaismair-Str. Tel.: (0512) 31 56 45
»MIM«, Mädchen im Mittelpunkt, Beratungsstelle, Sillgasse 8a, Tel.: (0512) 363 30
Klagenfurt: »Bella Donna«, Frauenzentrum, Villacher Ring 21/II, Tel.: (04222) 51 12 48
Korneuburg: Beratungsstelle, Liebleitnerring 9, Tel.: (02262) 24 62
Krems: »Frauen helfen Frauen«, Dr. Gschmeidlstr. 11, Tel.: (02732) 709 27
6330 Kufstein: »Frauensignal«, c/o Heidi Günter, Unterer Stadtplatz 14
Lienz: »Frauen helfen Frauen«, Patriasdorfer Str. 7, Tel.: (04852) 375 64
Linz: Frauenzentrum, Altstadt 11/I, Tel.: (0732) 21 29
Lilienfeld: Frauenservice, Beratungsstelle für Frauenfragen, Babenbergerstr. 38
Mödling: Frauenberatung, Neudorferstr. 4, Tel.: (02236) 865 49
Frauenhaus, Tel.: (02236) 865 49
»Kassandra«, Beratung für Mädchen und junge Frauen bei Erwerbslosigkeit, Brühlerstr. 19, Tel.: (02236) 23 04 53
Oberwart: Beratungsstelle, Spitalgasse 5, Tel.: (03352) 338 55
Rankweil: »Lila Wecker«, Treff, c/o Gerda Riedmann, Südtiroler Str. 16, Tel.: (05522) 440 50
Ried: Frauengruppe, Roßmarkt 13
Salzburg: Frauenkulturzentrum und -café, Haydnstr. 6, Tel.: (0662) 716 39
Frauentreffpunkt, Paris-Lodron-Str. 33, Tel.: (0662) 754 98
St. Pölten: Haus der Frau, Zuflucht, Herzogenburgerstr. 4, Tel.: (02742) 20 14
Steyr: Notruf, Resthofstr. 14/15, Tel.: (07252) 657 49
Traun: Frauenzentrum, Traunstadlweg 3, Tel.: (07229) 617 60
Villach: Frauenberatungsstelle, Freihausplatz 2, Tel.: (04242) 240 69
Vorarlberg: Notruf, Tel.: (05574) 230 61
Wels: Treffpunkt, Herrengasse 2, Tel.: (07242) 642 72
Wien: Frauenzentrum, Währingerstr. 59/VI, Tel.: (0222) 48 50 57
Mädchen-Info- und Beratungsstelle, Lieblgasse 4, Tel.: (0222) 25 11 96

»Amandas Matz«, Beratungsstelle für erwerbslose Mädchen und junge Frauen, Grünwaldgasse 4, 1090 Wien, Tel.: (0222) 54 31 99
»Sprungbrett«, Förderung von nichttraditionellen Berufsentscheidungen, Maroltingergasse 19-21 / V, Tel.: (0222) 94 99 04
Unifrauenzentrum, Berggasse 24 / V, 1090 Wien, Tel.: (0222) 314 85 44
»Egalia«, Verein für Fraueninitiativen, Grünenangerstr. 2 / 17, 1010 Wien

Ybbs: Frauengruppe, c/o Irmgard Brandstatter, Klosterhofstr. 14, Tel.: (0741) 23 51

Schweiz

Aarau: Frauengruppe, c/o Lies Haller, Laurenzvorstadt 29, Tel.: (064) 24 60 93

Baden: »OFRA«, Postfach 1036, 5401 Baden, Tel.: (056) 22 62 33
Frauenzentrum, Stadtturmstr. 8,
»INFRA«, Postfach 261, Tel.: (056) 22 33 50

Basel: »OFRA« Schweiz (Organisation für die Sache der Frauen, Zentralsekretariat), Lindenberg 23, Tel.: (061) 692 55 53
Frauenzentrum, Klingentalgraben 2

Bern: »INFRA«, Zentrum, Bollwerk 39, Tel.: (031) 22 17 95
»Die Spinne«, Frauenzentrum / Frauenbeiz, Langmauerweg 1, Tel.: (031) 22 81 62
Buchladen, Münstergasse 41, Tel.: (031) 21 12 85
»OFFRA«, Bollwerk 39, Tel.: (031) 22 38 79

Biel: Frauenkontakte, c/o Ruth Schafroth, Gaichstr., 2511 Alfermeé, Tel.: (032) 22 62 29
Frauen-Info, Obergasse 4, Tel.: (032) 22 95 47

Brugg: Frauenhaus, Postfach 267, Tel.: (056) 42 19 90

Chur: Frauengruppe, c/o Café Angelika Kaufmann, Reichsgasse

Frauenfeld: »INFRA-Frauenhüsli«, Bachstr. 4b, Tel.: (054) 21 91 69

Freiburg / Fribourg: Frauenzentrum, Planche Supérieure 32
»OFRA«, c/o E. Mägli, Rue des Epouses 140, Tel.: (037) 22 14 53
Frauenhaus, Solidarié femmes, Postfach 80, Tel.: (037) 22 22 02

Genf: »OFRA«, Case Postale 230, 1211 Genf 12
Centre femmes, 5. Bd. St. Georges, Tel.: (022) 29 22 98
Buchladen, L'Inédite, 18, av. Cardinal-Mermillod, 1227 Carouge / Genéve, Tel.: (022) 43 22 23
Café-Contakt, Point de Recontré, 76, Av. des Communautés Réunies, Genéve Lancy Sud
Gesundheitszentrum Rosa Canina, Rue du Mole 4, Tel.: (022) 86 75 75

Glarus: »INFRA«, Sandstr. 16, Tel.: (058) 61 72 75

Grenchen: Frauenkontakte, c/o Marianne Gugger, Gibelstr. 17,
Tel.: (065) 919 35
Lausanne: Frauenhaus, Tel.: (021) 25 45 76
Liestal: Genossenschaftsbuechlade, Palazzo, Postfach 402, Tel.: 91 56 70
»OFRA«, Postfach, 4410 Liestal
Locarno: Frauengruppe, c/o Rosel Schriber, Via Esplanada,
6600 Locarno-Minuso
Luzern: Infothek, Löwenstr. 9, Tel.: (041) 51 15 40
Frauenhaus, Postfach 151, Tel.: (041) 44 70 00
Martigny: Centre femmes 4, Av. di Grand St. Bernhard, 1920 Martigny
Meilen: »INFRA«, Sterneggweg 3, Tel.: (019) 23 06 00
Olten: »OFRA«, Postfach 335, 4600 Olten 3, Tel.: (062) 26 26 45
Beratungsstelle, Hammerallee 23, Tel.: (062) 21 20 36
Frauenbeiz »Rote Zora«, c/o Restaurant Isebähnli, Rosengasse 1,
Tel.: (062) 26 71 51
Riehen: Frauenbibliothek, c/o Doris K. Gunn, Rössligasse 9, 4125 Riehen
Schaffhausen: »OFRA«, Postfach 509, 8201 Schaffhausen, Tel.: (053) 550 14
»INFRA«, Neustadt 45, c/o »OFRA«, Tel.: (053) 24 80 64
Solothurn: Frauenkontakte, Postfach 752, 4500 Solothurn,
Tel.: (065) 42 38 18
»OFRA«, Postfach 752, 4500 Solothurn
St. Gallen: »INFRA«, Löwengasse 3, Tel.: (071) 22 44 60
»Wyberrot«, c/o Barbara Deer, Florastr. 11, Tel.: (071) 22 07 36
Uster: »INFRA«, Zentralstr. 39, Tel.: (01) 941 02 03
Wettingen: Verein Feministische Wissenschaft Schweiz, Sekretariat
Madelene Marti, Klosterparkgässli 8, Tel.: (056) 26 06 18
Wetzikon: Frauenkollektiv, Postfach 26, 8621 Wetzikon
Wil/Sg: »INFRA«, Telefondienst, Tel.: (073) 22 47 40
Windisch: Verein zum Schutz mißhandelter Frauen, Postfach 38,
5200 Windisch
Winterthur: Frauenzentrum, Wartstr. 19, Tel.: (052) 22 44 72
»OFRA«-Initiative-Gruppe, Postfach 630, 8401 Winterthur
Frauenbegegnungs- und Kulturzentrum, Wartstr. 19,
Tel.: (052) 22 44 72
Zürich: »INFRA«, Zentrum, Mattengasse 27, Tel.: (01) 272 88 44
Frauenzimmer, Quartierzentrum Kanzlei, Kanzleistr. 56,
Tel.: (01) 242 98 44
»Frap«, Frauen machen Politik, Postfach 1137, Tel.: (01) 242 44 18
»Anarcha Feminista«, c/o Schwarzer Humor, Postfach 288,
8036 Zürich
»Virusfrauen«, antimilitartistische Frauengruppe, Gartenhofstr. 15
Zug: Beratungstelefon, Postfach 225, Tel.: (042) 52 29 54

BERATUNGSSTELLEN DER PRO FAMILIA

Bundesverband
Cronstettenstraße 30, 6000 Frankfurt 1, Tel.: (069) 55 09 01

Baden-Württemberg
Landesverband:
7000 Stuttgart 1, Planckstraße 8, Tel.: (0711) 46 11 51

Beratungsstellen:
7800 Freiburg: Bertoldstraße 63, Tel.: (0761) 268 50
6900 Heidelberg: Friedrich-Ebert-Anlage 19, Tel.: (06221) 144 40
7100 Heilbronn: Untere Neckarstraße 40, Tel.: (07131) 891 77
7500 Karlsruhe 1: Kaiserstraße 209, 3. OG, Tel.: (0721) 274 41
7312 Kirchheim / Teck: Limburgstraße 44, Tel.: (07021) 813 13
7750 Konstanz: Gütlestraße 8, Tel.: (07531) 263 90
7250 Leonberg: Rutesheimer Straße 50 / 1, Tel.: (07152) 210 71 / 210 72
7140 Ludwigsburg, Schloßstraße 9, Tel.: (07141) 234 44
6800 Mannheim 1: M 2, Nr. 14, Tel.: (0621) 277 20
7530 Pforzheim: Gerberstraße 4 (Emma-Jäger-Bad), Tel.: (07231) 341 80,
Unteres Enztal, Eutiner Straße 148 (Sozialarbeiterzimmer)
7410 Reutlingen: Urbanstraße 20, Tel.: (07121) 421 22
7170 Schwäbisch Hall: Katharinenstraße 9, Tel.: (0791) 73 84
7700 Singen, Schwarzwaldstraße 32, Tel.: (07731) 611 20
7000 Stuttgart 1: Schloßstraße 60, Tel.: (0711) 62 26 18 / 62 51 05
7400 Tübingen: Hechinger Str. 21, Tel.: (07071) 341 51
7730 VS-Villingen, Benediktinerring 7, Tel.: (07721) 590 88
7050 Waiblingen: Bürgermühlenweg 11, Tel.: (07151) 551 45

Bayern
Landesverband:
8000 München 40, Türkenstraße 103 / 1, Tel.: (089) 39 90 79

Beratungsstellen:
8900 Augsburg: Äußere Uferstraße 49, Tel.: (0821) 41 22 74
8600 Bamberg: Peuntstraße 10, Tel.: (0951) 247 29
8000 München 40: Türkenstraße 103 / 1, Tel.: (089) 39 90 79
8000 München 45: Hauttmannweg 3, Tel.: (089) 316 27 14
8000 München 45 – Hasenbergl: Wintersteinstraße 12 / 14,
Tel.: (089) 314 44 25
8500 Nürnberg 20: Äußere Cramer-Klett-Straße 9, Tel.: (0911) 55 55 25
– 1 – Schafhof: Neumeyerstraße 20, Tel.: (0911) 52 82 63
– 50 – Langwasser: Glogauer Straße 50, Tel.: (0911) 80 95 20
8390 Passau: Vilshofener Straße 36, Tel.: (0851) 531 21

8400 Regensburg: Friedenstraße 16, Tel.: (0941) 70 44 55
8700 Würzburg: Berliner Platz 10, Tel.: (0931) 169 72

Berlin
Landesberband:
1000 Berlin 30: Ansbacher Straße 11, Tel.: (030) 213 90 13

Beratungsstellen:
1000 Berlin 30: Ansbacher Straße 11, Tel.: (030) 213 90 13
1000 Berlin 21: Gotzkowskystraße 8, Tel.: (030) 392 60 19
1000 Berlin 36: Lausitzerstraße 46, Tel.: (030) 618 90 41

Bremen
Landesverband und Beratungsstelle:
2800 Bremen 1: Stader Straße 35, Tel.: (0421) 49 10 90
Beratungsstelle:
2850 Bremerhaven: Berliner Platz 1, Tel.: (0471) 287 22

Hamburg
Landesverband:
2000 Hamburg 13: Tesdorpfstraße 8, Tel.: (040) 44 19 53 22

Beratungsstellen:
2000 Hamburg 13: Schlüterstraße 14, Tel.: (040) 45 78 38
2000 Hamburg 50: Bei der Johanniskirche 20, Tel.: (040) 439 28 22
2000 Hamburg 60: Poppenhusenstraße 12, Tel.: (040) 29 07 02
2050 Hamburg 80: Oberer Landweg 10, Tel.: (040) 724 30 77
2100 Hamburg 90: Lühmannstraße 13, Tel.: (040) 771 70-23 31 / 311 02-636
2102 Hamburg 93: Rotenhäuserdamm 30, Tel.: (040) 75 10 51

Hessen
Landesverband:
6000 Frankfurt/Main 1: Schichaustraße 3-5, Tel.: (069) 44 70 61

Beratungsstellen:
6320 Alsfeld: Volkmarstraße 3, Tel.: (06631) 62 07
6430 Bad Hersfeld: Friedrich-Ebert-Straße 7, Kreisgesundheitsamt
Eingang 4, Tel.: (06621) 873 69
6140 Bensheim: Wambolterhofstraße 8, Tel.: (06251) 681 91
6100 Darmstadt: Landgraf-Georg-Straße 120, Tel.: (06151) 432 64
– Michaelistraße 41
6057 Dietzenbach: Friedensstraße 38, Tel.: (06074) 22 65
6073 Egelsbach: Kirchstraße 11
6078 Neu-Isenburg: Ludwigstraße 75
6000 Frankfurt/Main 1: Auf der Körnerwiese 5, Tel.: (069) 59 92 86

6000 Frankfurt/Main 50: Bonameser Straße (Wohnwagenstandplatz)
6000 Frankfurt/Main 71: Goldstein, Im Heisenrath 14
6000 Frankfurt/Main 50: Preungesheim, Wegscheidestraße 58
6000 Frankfurt/Main 60 – Bornheim: Fechenheimer Straße 14,
Tel.: (069) 44 50 89
6230 Frankfurt/Main 80 – Höchst: Hostatostraße 16, Tel.: (069) 30 20 17
6230 Frankfurt/Main 80 – Griesheim: Ahornstraße 108
6360 Friedberg: Kleine Klostergasse 16, Tel.: (06031) 23 36
6382 Friedrichsdorf: Dr.-Fuchs-Straße 5, Tel.: (06172) 749 51
6400 Fulda: Markstraße 21, Tel.: (0661) 740 78
6300 Gießen: Bahnhofstraße 76-80, Tel.: (0641) 771 22
6450 Hanau: Nordstraße 88, Tel.: (06181) 168 66
3500 Kassel: Frankfurter Straße 133a, Tel.: (0561) 274 13
6312 Laubach 1: Marktplatz 3, Tel.: (06405) 77 18
3550 Marburg: Universitätsstraße 42, Tel.: (06421) 218 00
6050 Offenbach/Main: Bahnhofstraße 35, Tel.: (069) 81 77 62
– Lohwaldsiedlung, Holunderweg, Tel.: (069) 80 65 22 76
6090 Rüsselsheim: Lahnstraße 30, Tel.: (06142) 121 42
6086 Riedstadt-Goddelau: Frhr.-v.-Stein-Straße 9 (Gesundheitszentrum),
Tel.: (06158) 16 39
6490 Schlüchtern: Gartenstraße 3, Tel.: (06661) 20 71
6200 Wiesbaden: Langgasse 3, Tel.: (06121) 37 65 16
– Im Mühltal, Haus 3
– Preßberger Straße 1
– Wachsackerstraße 4, Tel.: (06121) 31 87 38

Niedersachsen
Landesverband:
3000 Hannover 1: Am Hohen Ufer 3a, Tel.: (0511) 36 36 08

Beratungsstellen:
3300 Braunschweig: Hamburger Straße 226, Tel.: (0531) 32 93 85
2190 Cuxhaven: Kirchenpauerstraße 1, Tel.: (04721) 360 16/17
2970 Emden: Neutorstraße 73, Tel.: (04921) 299 22
3400 Göttingen: Rote Straße 19, Tel.: (0551) 586 27
3410 Northeim: Häuser Straße 15a, Tel.: (05551) 35 85
3000 Hannover 1: Am Hohen Ufer 3a, Tel.: (0511) 36 36 06/07
3330 Helmstedt: Papenberg 26, Tel.: (05351) 71 74
3450 Holzminden: Wallstraße 2, Tel.: (05531) 108 07
2120 Lüneburg: Bardowicker Straße 4, Tel.: (04131) 342 60
2900 Oldenburg: Lindenstraße 4, Tel.: (0441) 880 95
4500 Osnabrück: Krahnstraße 23, Tel.: (0541) 239 07
4550 Bramsche: Kirchhofstraße 6, Tel.: (05461) 831 89
3150 Peine: Beethovenstraße 15, Tel.: (05171) 180 45-46-47
3320 Salzgitter 1: St.-Andreas-Weg 17a, Tel.: (05341) 144 91

2160 Stade: Salzstraße 16, Tel.: (04141) 22 11
3110 Uelzen: St.-Viti-Straße 22, Tel.: (0581) 700 07
2940 Wilhelmshaven: Paul-Hug-Straße 60, Tel.: (04421) 250 80
3340 Wolfenbüttel: Kommißstraße 5, Tel.: (05331) 269 29
3388 Bad Harzburg: Gestütstraße 8, Tel.: (05322) 838 89
3180 Wolfsburg 1: Stormhof 2, Tel.: (05361) 254 57

Nordrhein-Westfahlen
Landesverband:
5600 Wuppertal 2, Loherstraße 7, Tel.: (0202) 898 21 22

Beratungsstellen:
5100 Aachen: Monheimsallee 11, Tel.: (0241) 363 57
4800 Bielefeld 1: Stapenhorststraße 5, Tel.: (0521) 12 40 73
4630 Bochum: Windmühlenstraße 25, Tel.: (0234) 123 20
Zillertalstraße 152, Tel.: (0234) 54 06 54
5300 Bonn 1: Prinz-Albert-Straße 39, Tel.: (0228) 21 22 30
4930 Detmold: Woldemarstraße 15, Tel.: (05231) 268 41
5160 Düren: Bonner Straße 43, Tel.: (02421) 148 38
4000 Düsseldorf 13 – Garath: Fritz-Erler-Straße 21,
Tel.: (0211) 899-75 56
4000 Düsseldorf 13 – Derendorf: Blücherstraße 61, Tel.: (0211) 44 18 56
4100 Duisburg 1 – Neudorf: Klöcknerstraße 172,
Tel.: (0203) 35 07 00
4100 Duisburg 11 – Hamborn, Viktoriastraße 8,
Tel.: (0203) 55 53-52 71
4390 Gladbeck: Barbarastraße 2, Tel.: (02043) 656 06
4830 Gütersloh 1: Roonstraße 2, Tel.: (05241) 204 50
5000 Köln 1: Hansaring 84-86, Tel.: (0221) 12 20 87
5000 Köln 71 – Chorweiler: Unstrutweg 27, Tel.: (0221) 70 35 11
4150 Krefeld: Marktstraße 230, Tel.: (02151) 77 77 27
5090 Leverkusen 1: Breitenbachstraße 10, Tel.: (0214) 40 18 04
4370 Marl: Bergstraße 11, Tel.: (02365) 474 86
4050 Mönchengladbach 2 – Rheydt: Hugo-Preuß-Straße 49,
Tel.: (02166) 430 10
4400 Münster (Westfalen): Badestraße 19a, Tel.: (0251) 458 58
4200 Oberhausen 1: Langemarkstraße 12, Tel.: (0208) 203 79
4350 Recklinghausen: Springstraße 11, Tel.: (02361) 267 01
5630 Remscheid 1: Kippdorfstraße 6, Tel.: (02191) 776 76
5205 St. Augustin 1: Mendener Straße 23, Tel.: (02241) 210 10
5830 Schwelm: Wilhelmstraße 13, Tel.: (02336) 104 71
5650 Solingen 19: Adolf-Clarenbach-Straße 23, Tel.: (0212) 31 61 11
5210 Troisdorf: Pfarrer-Kenntemich-Platz 26, Tel.: (02241) 719 61
5810 Witten 1: Robert-Koch-Str. 7, Tel.: (02302) 69 91 90
5600 Wuppertal 1: Neumarktstraße 29, Tel.: (0202) 44 08 44

Rheinland-Pfalz, Saarland
Landesverband:
6500 Mainz: Schillerstraße 24, Tel.: (06131) 22 50 22

Beratungsstellen:
6750 Kaiserslautern: Kanalstraße 23, Tel.: (0631) 636 19
5400 Koblenz: Hohenstaufenstraße 4, Tel.: (0261) 348 12
6740 Landau: Westbahnstraße 11, Tel.: (06341) 824 24
6700 Ludwigshafen: Wittelsbachstraße 69, Tel.: (0621) 56 30 15
– Kropsburgstraße 13, Tel.: (0621) 504 29 68
– Bayreuther Straße 79, Tel.: (0621) 504 34 69
6500 Mainz: Schillerstraße 24, Tel.: (06131) 22 50 22
– Zwerchallee (Sozialstation)
6680 Neunkirchen: Süduferstraße 14, Tel.: (06821) 276 77
6600 Saarbrücken 3: Mainzer Straße 106, Tel.: (0681) 645 66
5500 Trier: Walramsneustraße 2b, Tel.: (0651) 734 44

Schleswig-Holstein
Landesverband:
2390 Flensburg: Am Marienkirchhof 6, Tel.: (0461) 869 30

Beratungsstellen:
2070 Ahrensburg: Manhagener Allee 17, Tel.: (04102) 18 26
2060 Bad Oldesloe: Königstraße 15, Tel.: (04531) 38 02
2390 Flensburg: Wrangelstraße 18, Tel.: (0461) 58 13 34
– Segelmacherstraße 15 (Jugendtreff »Speicher«)
2240 Heide: Markt 29, Tel.: (0481) 641 44
2250 Husum: Kurt-Pohle-Weg 9, Tel.: (04841) 728 75
2300 Kiel: Zastrowstraße 2, Tel.: (0431) 629 74
2400 Lübeck 1: Jürgen-Wullenwever-Straße 1, Tel.: (0451) 647 72
2350 Neumünster: Göbenplatz 4, Tel.: (04321) 133 15
2000 Norderstedt: Cordt-Buck Weg 38, Tel.: (040) 522 21 78

NOTRUFE

5100 Aachen: Notruf für vergewaltigte Frauen u. Mädchen e.V., Mariabrunnstr. 35, Tel.: (0241) 344 11

4422 Ahaus: Frauenberatungsstelle und Selbsthilfeverein Gewalt gegen Frauen, Windmühlentor 6, Tel.: (02561) 678 61

6508 Alzey: Notruf für Frauen, An der Hexenbleiche 7, Tel.: (06731) 73 74

8450 Amberg: Notruf für vergewaltigte Frauen, c/o SKF, Luitpoldstr. 2, Tel.: (09651) 222 00

8800 Ansbach: Notruf für vergewaltigte Frauen und Mädchen, Reuther Str. 2a, Tel.: (0981) 173 77

5760 Arnsberg 2: Frauen helfen Frauen e.V., Postfach 5220, Tel.: (02931) 20 38

8750 Aschaffenburg: SEFRA e.V., Bodelschwingstr. 16, Tel.: (06021) 247 28

8900 Augsburg: Notruf für vergewaltigte Frauen und Mädchen e.V., Köhlergasse 10, (0821) 15 46 48, Mi 20-22

2060 Bad Oldesloe: Notruf für vergewaltigte Frauen, Postfach 1504, Tel.: (04531) 22 77

8600 Bamberg: Notruf für vergewaltigte Frauen, c/o SKF, Schwarzenbergstr. 8, Tel.: (0951) 86 85 18

1000 Berlin: Wildwasser, Mehringdamm 50, Tel.: 030/786 50 17 o. 786 50 19, Mi 16-19

1000 Berlin: Notruf für vergewaltigte Frauen, c/o Frauenzentrum, Stresemannstr. 40, Tel.: (030) 251 28 28, Di, Do 18-21

7950 Biberach/Riss: Notruf – Frauen helfen Frauen e.V., Bismarckring 5, Tel.: (07351) 81 51
Di 15-18, Do 9-14, Fr 9-14

4800 Bielefeld: Notruf für vergewaltigte Frauen, Nordstr. 37 Tel.: (0521) 12 42 48, Mo, Do 18-22

5300 Bonn: Frauen gegen Gewalt e.V., Berliner Platz 31, Tel.: (0228) 63 55 24, Mo-Fr 10-13, Mi 18-21

3300 Braunschweig: Notruf für vergewaltigte Frauen, Magnikirchstr. 4, Tel.: (0531) 433 02, Mo, Do 17-20

2800 Bremen: Notruf für vergewaltigte Frauen, Dobbenweg 10, Tel.: (0421) 70 17 17, Mo-Fr 10-17, Di 10-18

2212 Brunsbüttel: Frauen helfen Frauen e.V., Süderstr. 2, Tel.: (04852) 70 27

8263 Burghausen: Frauen helfen Frauen e.V., Marktlerstr. 29, Tel.: (08677) 75 00, Mo 9-11 u. 20-22; Di 9-11; Mi 15-18;

8412 Burglengenfeld: Frauen helfen Frauen, Ldkrs. Schwandorf, Postfach 1223, Tel.: (09471) 71 31

8630 Coburg: Notruf für vergewaltigte Frauen, c/o Frauenhaus, Postfach 3201, Tel.: (09561) 901 55, Mo-Fr 9-12

6100 Darmstadt: Frauennotruf der Pro Familia, Landgraf-Georg-Str. 120 Tel.: (06151) 455 11, Mo-Do 9-12.30, 16-18; Fr 9-12.30

4930 Detmold: Notruf für vergewaltigte Frauen, c/o Alraune, Freiligrathstr. 24, Tel.: (05231) 201 77

2840 Diepholz: Notrufgruppe Diepholz, c/o Frauen helfen Frauen, Steinstr. 11, Tel.: (05441) 51 13, Mo 9-11; Mi 15-17 u. 20-22; Fr 19-22

4600 Dortmund: Notruf für vergewaltigte Frauen, c/o FAD, Adlerstr. 30, Tel.: (0231) 16 09 99, Mo 19-21; Mi 20-22

4100 Duisburg: Notruf für vergewaltigte Frauen, Liliencuhnstr. 1, Tel.: (0203) 35 82 56, Mo 14-16; Di u. Do 9-12; Mi 18-21

4000 Düsseldorf 1: Treffpunkt und Beratung für Frauen in Not, Notruf für vergewaltigte Frauen, Ackerstr. 144 (im Hof), Tel.: (0211) 68 68 54 (Büro: 68 68 79)

8017 Ebersberg: Frauen helfen Frauen e.V., Notruf für Frauen und Mädchen, Pernerstr. 9, Tel.: (08092) 220 70, Mo 9-13; Do 15-17; Fr 9-11

2330 Eckernförde: Notruf für vergewaltigte Frauen, Am Jungfernstieg 69, Tel.: (04351) 35 70, Mo-Fr 10-13; Do 13-16

2200 Elmshorn: Frauen helfen Frauen in Not e.V., Königstr. 37 Tel.: (04121) 12 29, Mo-Fr 9-11.30; Mo, Mi, Fr 15-17

8520 Erlangen: Notruf für vergewaltigte Frauen u. Mädchen, Hauptstr. 118 Tel.: (09131) 20 97 20

4300 Essen: Notruf und Beratung für vergewaltigte Frauen und Mädchen e.V., Walthausenstr. 13, Tel.: (0201) 23 54 69, Mo 19-21

7300 Esslingen: Notruf – Frauen helfen Frauen e.V., Urbanstr. 19/I, Tel.: (0711) 35 72 12, Mo-Fr 9-12

2420 Eutin: Notrufgruppe für Frauen u. Mädchen, Frauen gegen Gewalt e.V., Plönerstr. 39, Tel.: (04521) 730 43 Di 20-22; Mi 9-11; Do 15-18

2390 Flensburg: Beratung u. Hilfe für sex. mißbrauchte Mädchen, c/o Notruf, Postfach 1545, Tel.: (0461) 218 07, tägl. 19-22

6000 Frankfurt: Notruf für vergewaltigte Frauen, c/o FGZ, Hamburger Allee 45, Tel.: (069) 70 94 94

7800 Freiburg: Notruf für vergewaltigte Frauen, c/o Frauenzentrum, Schwarzwaldstr. 107, Tel.: (0761) 333 39, Mo 20-22; Fr ab 20 Uhr Beratung

8228 Freilassing: Notruf Traunstein, c/o Verein Keine Gewalt gegen Frauen, A. Müller Brucknerstr.

8050 Freising: Arbeitskreis für Fraueninteressen e.V., Obere Hauptstr. 3, Tel.: (08161) 31 58

8352 Freyung-Grafenau, Notruf für Frauen, Bahnhofplatz 14, Tel.: (08552) 17 30

7990 Friedrichshafen: Notruf und Beratungsstelle für Frauen und Mädchen, Postfach 1472, Tel.: (07541) 218 00, Mi 16-19

8080 Fürstenfeldbruck: Frauennotruf, c/o Frauentreffpunkt »Frauwärts«, Postfach 1233, Tel.: (08141) 422 77

8510 Fürth: Notruf für vergewaltigte Frauen, c/o Jugendcafé Catch-up, Postfach 1518, Tel.: (0911) 77 33 77, Mo 9-11; Di 20-22
4650 Gelsenkirchen: Notruf für vergew. u. sex. miß. Frauen u. Mädchen, c/o Frauenberatung – u. Kontaktstelle, Wiehagen 83, Tel.: (0209) 13 61 66, Di 9-13; Mi 17-19; Do 9-12
8192 Geretsried: Notruf für mißhandelte Mädchen, Frauen und deren Kinder, Postfach 1522, Tel.: (08171) 186 80
Notruf für vergewaltigte Frauen Wolfratshausen, Postfach 1522, Tel.: (08171) 186 80, Mo-Fr 10-17
6300 Gießen: Notruf für vergewaltigte Frauen, c/o Frauenhaus, Reichenberger Str. 7a, Tel.: (0641) 314 38, Mo 18-20
4390 Gladbeck: Notruf Frauen helfen Frauen, Hochstr. 9, Tel.: (02043) 666 99, Mo-Fr 9-12
7320 Göppingen: Notruf für vergewaltigte Frauen, c/o Frauen helfen Frauen e.V., Lange Straße 8, Tel.: (07161) 769 69
3400 Göttingen: Frauen-Notruf Göttingen e.V., Kurzenstr. 6a, Tel.: (0551) 446 84, Do 20-22
6080 Groß-Gerau: Notruf für vergewaltigte Frauen, c/o Wildwasser in der Frauenberatungsstelle, Schöneckerstr. 2, Tel.: (06152) 399 99, Do 10-12
2000 Hamburg 50: Notruf für vergewaltigte Frauen und Mädchen e.V., Postfach 501147, Tel.: (040) 38 97 38, Mo-Fr 10-13; Mo u. Do 15-17; Di, Mi, Fr
3250 Hameln: Frauenberatungsstelle, Alte Marktstr. 48, Tel.: (05151) 252 99, Mo-Fr 10-12; Mo, Di, Do 16-18
4700 Hamm: Notruf für vergewaltigte Frauen, Karlsplatz 1, Tel.: (02381) 40 43 60, Di 20-22
3000 Hannover 1: Notruf für vergewaltigte Frauen und Mädchen e.V., Bödeckerstr. 68, Tel.: (0511) 33 21 12 Mo 16-20; Fr 10-14
6900 Heidelberg: Notruf für vergewaltigte Frauen, Bunsenstr. 19, Tel.: (06221) 136 43, Mo 10.30-12.00 u. 20-22; Di 12-14
7920 Heidenheim: Notrufgruppe: Beratung und Vergewaltigung, c/o Elisabeth Kömm-Häfner, Bühlstr. 67, Tel.: (07321) 222 52 jeden 1. u. 3. Mi im Monat von 20-22
7100 Heilbronn: Frauen helfen Frauen e.V., Postfach 1701 Tel.: (07131) 893 75
4690 Herne: Notruf für vergewaltigte Frauen, c/o Frauenhaus, Tel.: (02325) 498 75, Mi, Sa druchgehend erreichbar
8036 Herrsching: Frauen helfen Frauen e.V., Starnberg, Postfach, Tel.: (08152) 57 20
3200 Hildesheim: Notruf für vergewaltigte Frauen, Beratungsstelle für Frauen, Kaiserstr. 9, Tel.: (05121) 51 55 46 Mo-Fr 9-12 u. 15-18; Mi u. Fr 9-12
2059 Hornweg: Hilfe für Frauen in Not, c/o Christine Höpke, Scheerweg 1

2250 Husum: Anlaufstelle für Frauen in Not, Norderstr. 22, Tel.: (04841) 622 34
6580 Idar-Oberstein: Notruf und Beratung, c/o Frauenhaus Frauen helfen Frauen e.V., Postfach, Tel.: (06781) 311 44
2210 Itzehoe: Notruf für vergewaltigte Frauen, c/o Frauenhaus, Postfach 1345, Tel.: (04821) 617 12, Mo-Fr 9-17
7500 Karlsruhe: Notruf für vergewaltigte u. mißhandelte Frauen, Postfach 4628, Tel.: (0721) 85 55 66, Mi u. So 19-22
3500 Kassel: Notruf für vergewaltigte Frauen, c/o FZ, Goethestr. 44, Tel.: (0561) 77 22 44, Mo, Mi 19-22
8960 Kempten: Notruf für vergewaltigte Frauen, c/o Frauenzentrum, Hoföschle 7a, Tel.: (0831) 147 44, Mo u. Mi 10-14; Di u. Do 16-18
2300 Kiel 1: Notruf und Beratung für vergewaltigte Mädchen und Frauen, Knooper Weg 32/Hofgebäude, Tel.: (0431) 911 44, Mo-Fr 10-13 (außer Mi)
5000 Köln 30: Notruf für vergewaltigte Frauen, Glasstr. 74, Tel.: (0221) 56 20 35, Mo 18-20; Fr 17-19
5330 Königswinter: Frauennotruf, c/o Frauenzentrum, Bismarckstr. 20, Tel.: (02223) 34 03, Mo-Fr 10-12
7750 Konstanz: Frauen helfen Frauen in Not e.V., Werner-Sombart-Str. 29, Tel.: (07531) 679 99, Mo 20-22; Di, Do 9-11; Mi 16-18
4150 Krefeld: Notruf und Beratung für vergewaltigte Frauen e.V., Nordstr. 97, Tel.: (02151) 80 05 71 oder 80 05 72 Mo, Mi, Do, Fr 10-16; Di 14-19
5090 Leverkusen 3: Notruf und Beratung für vergewaltigte Frauen und Mädchen e.V., Kölner Str. 85, Tel.: (02171) 277 73, Mo-Mi 11-15; Do 14-21
7850 Lörrach: Notruf und Beratungsstelle Frauen helfen Frauen e.V., Postfach 1464, Tel.: (07621) 871 05, Mo-Fr 9-11.30; Mo 17-19
2400 Lübeck 1: Notruf e.V., Dankwartsgrube 52, Tel.: (0451) 70 46 40 Di 17-21; Fr 10-12
3130 Lüchow: Notruf und Frauenhaus, Postfach 1407, Tel.: (05841) 54 50
6500 Mainz: Notruf für vergewaltigte Frauen, c/o Frauenzentrum, Goethestr. 38, Tel.: (06131) 61 36 76, Di u. Mi 17-20; Do 9-12
6800 Mannheim: Notruf u. Beratung für sex. mißh. Frauen u. Mädchen, C 1.4., Tel.: (0621) 100 33, Mo-Fr 9-16
3550 Marburg: Notruf für vergewaltigte Frauen, c/o Frauenzentrum, Renthof 18, Tel.: (06421) 635 70, Mo 17-20
8015 Markt Schwaben: Notruf für vergewaltigte Frauen, c/o Frauentreff z. Hd. Sonja Edelmann, Finsinger Str. 25
2222 Marne: Notruf Dithmarscher Frauentreff, Beratungsstelle Marne, Alter Kirchhof 16, Tel.: (04851) 83 16
8940 Memmingen: Notruf für vergewaltigte Frauen, Lindauerstr. 6, Tel.: (08331) 53 23, Mo 18.30-19.30; Mi 15-16

5750 Menden: Frauen helfen Frauen e.V., Wasserstr. 12,
Tel.: (02373) 181 41, Mo-Sa 16-18
5778 Meschede: Notruf für Frauen in Marsberg, c/o Verein für Einzel- und Gruppenerfahrung e.V., Zeughausstr. 11, Tel.: (0291) 521 71
4950 Minden: Notruf für vergewaltigte Frauen, c/o Frauen helfen Frauen e.V., Umradstr. 25, Tel.: (0571) 207 02
4130 Moers 1: Notruf für vergewaltigte Frauen, Uerdingerstr. 23, Tel.: (02841) 286 00, Mo-Do 9-12; Do 16-19; Di u. Do 20-22
4330 Mühlheim: Notruf für vergewaltigte Frauen und Mädchen, Delle 41, Tel.: (0208) 38 42 73, Mo-Fr 9-14
8000 München 2: Notruf und Beratung für vergewaltigte Frauen und Mädchen e.V., Güllstr. 3, Tel.: (089) 76 37 37, Mo-Fr 10-18 (sonst AB)
4400 Münster: Notruf für vergewaltigte Frauen, Kuhstr. 13, Tel.: (0251) 558 66, Mo, Fr 18-20; Mi 15-17
7910 Neu-Ulm: Notruf und Beratungsstelle für Frauen in schwierigen Lebensituationen, Postfach 1160, Tel.: (0731) 737 37 o. 737 46 Mo-Fr 8-17
2350 Neumünster: Notrufgruppe für Frauen und Mädchen, Bahnhofstr. 44, Tel.: (04321) 423 03, Mi u. Fr 17-19
6478 Nidda: Frauennotruf, Weiherstr. 12, Tel.: (06043) 44 71, Mo u. Di 9-11; Fr 17-19
3070 Nienburg: Notruf für vergewaltigte Frauen, c/o Frauenzentrum Graefengrund, Eschenstr. 2, Tel.: (05021) 611 63, Mo, Di u. Do 9-13
8500 Nürnberg: Notruf für vergewaltigte Frauen, Dilherrstr. 5 Tel.: (0911) 28 44 00, Mo 12-14; Mi u. Fr 16-19
8125 Oberhausen: Notruf Frauen helfen Frauen, Lkr. Weilheim, Postfach 23, Tel.: (08803) 55 22, Mo u. Mi 9-11; Fr 16-18; Sa 10-12
4200 Oberhausen: Notruf für vergewaltigte Frauen, Stöckmannstr. 30, Tel.: (0208) 80 58 47, Mo 16-19.30; Di u. Fr 10-16
6050 Offenbach: Notruf für vergewaltigte Frauen, c/o Pro Familia, Bahnhofstr. 35, Tel.: (069) 800 13 13 oder 81 77 62
2178 Otterndorf: Notruf für vergewaltigte Frauen, Postfach 1212, Tel.: (04751) 39 20, Mo-Fr 9-12
8390 Passau: Notruf für vergewaltigte Frauen, Spitalhofstr. 62a, Tel.: (0851) 729 99, Do 18-22
7550 Rastatt: Notruf und Frauenhausinitiative, Postfach 1516, Tel.: (07222) 691 66, Do, Sa, So 20-22; sonst AB
7890 Ravensburg: Notruf für vergewaltigte Frauen, Frauenstr. 1a, Tel.: (0751) 233 23, Mo, Di, Mi 9-12, Do 17-20
4350 Recklinghausen: Frauennotruf, Halternerstr. 4a, Tel.: (02361) 154 57
8400 Regensburg: Notruf für vergewaltigte Frauen, c/o Frauenzentrum, Prüfeningerstr. 32, Tel.: (0941) 241 71, Mo, Di, Mi 10-14; Do 14-20
5630 Remscheid-Lennep: Notruf und Beratungsstelle Frauen helfen Frauen, Neugasse 2, Tel.: (02191) 66 24 66, Mo-Mi 9.30-13.00; Do 10-19

8200 Rosenheim: Notruf Rosenheim, Pater-Petrus-Str. 1,
Tel.: (08031) 126 77, Mo-Do 9-12; Di 20-23
6600 Saarbrücken: Notruf für vergewaltigte und mißhandelte Frauen,
Nauwieserstr. 19, Tel.: (0681) 367 67,
Mo-Fr 9-12, 14-17; Mi 20-21.30
3320 Salzgitter: Frauen in Not e.V., Postfach 100267, Tel.: (05341) 130 33
2380 Schleswig: Notruf für vergewaltigte Frauen, c/o Frauenzentrum,
Lange Str. 36, Tel.: (04621) 255 44
7170 Schwäbisch Hall: Notruf für vergewaltigte Frauen,
c/o Frauenzentrum, Langestr., Tel.: (0791) 87 90
7170 Schwäbisch Hall: Notruf für vergewaltigte Frauen, c/o Pro Familia,
Gymnasiumstr. 1, Tel.: (0791) 73 84
7070 Schwäbisch-Gmünd: Notruf und Beratung für Frauen,
Klarenbergstr. 56, Tel.: (07171) 399 77,
Mo 17-19; Mi 19-21; Do 10-12
7170 Schwäbisch-Hall: Notruf für vergewaltigte Frauen,
c/o Frauenzentrum, Langestr., Tel.: (0791) 87 90
2053 Schwarzenberg: Hilfe für Frauen in Not, Herzogtum Lauenburg,
Haus Böcklerstr. 7, Tel.: (04151) 813 06
8720 Schweinfurt: Notruf für vergewaltigte Frauen, c/o Frauenhaus,
Postfach 4162, Tel.: (09721) 165 98
8672 Selb: Hilfe für Frauen in Not e.V., Postfach 1625, Tel.: (09287) 771 11
7032 Sindelfingen: Frauen helfen Frauen e.V., c/o »Tollkirsche«,
Untere Burggasse 1, Tel.: (07031) 887 98, Mo 16.30-19
6920 Sinsheim: Frauen helfen Frauen e.V., Postfach 1334,
Tel.: (07261) 614 15, Do 20-22; Fr 10-12
6720 Speyer: Notruf im Frauencafe Labyrinth, Herdstr. 7,
Tel.: (06232) 288 33, Di, Mi, Do 15-18
3060 Stadthagen: Notruf für vergewaltigte Frauen, c/o Frauenzentrum,
Windmühlenstr. 31, Tel.: (05721) 910 48,
Mo-Fr 10-12; Mo u. Do 15-17
7000 Stuttgart 1: Notruf für vergewaltigte Frauen, c/o Frauenzentrum,
Kernerstr. 31, Tel.: (0711) 29 64 32, Mi 18-20
5500 Trier: Frauennotruf (SKF), Kranenstr. 33, Tel.: (0651) 435 38
Mo-Do 8.30-16.30; Fr 8.30-15.00
7400 Tübingen: Notruf für vergewaltigte Frauen, Postfach 2131,
Tel.: (07071) 518 88, Mo 20-22
4750 Unna: Notruf für vergewaltigte Frauen, c/o Frauenberatungsstelle,
Bachstr. 9, Tel.: (02303) 822 02
7730 Villingen/Schwarzwald: Notruftelefon Frauen helfen Frauen e.V.,
Brigachstr. 15, Tel.: (07721) 44 76
4410 Warendorf: Notruf für vergewaltigte Frauen und Mädchen und
Frauenhaus, Postfach 110326, Tel.: (02581) 780 18
5438 Westerburg: Notruf für vergewaltigte u. mißh. Frauen, c/o Frauen
gegen Gewalt, Postfach 1350, Tel.: (02663) 86 78, Mo 19-21

8441 Wiesenfelden: Notruf für vergewaltigte Frauen Straubing,
c/o Christiane Fiedler, Kerschboden 3, Tel.: (09966) 12 65
8190 Wolfratshausen: Notruf für vergewaltigte Frauen,
Bahnhofstr. 13, Tel.: (08171) 186 80
6520 Worms: Notruf für vergewaltigte u. sex. mißbr. Frauen u. Mädchen,
Frauen helfen Frauen e.V., Friedrich-Ebert-Str. 20,
Tel.: (06241) 535 36, Mi 10-12; Do 19-21
5600 Wuppertal 1: Notruf für vergewaltigte Frauen, Hombüchel 61,
Tel.: (0202) 31 88 55 o. 31 19 18,
Mo-Fr außer Mi 10-12; Mo, Di, Do 17-19
8700 Würzburg: Notruf für vergewaltigte Frauen, c/o Frauenzentrum,
Petrinistr. 15, (0931) 28 41 80 o. 46 32 99
1. und 3. Di/Monat 20-22; Do 9-11

SELBSTHILFEGRUPPEN FÜR SEXUELL MISSBRAUCHTE MÄDCHEN

5100 Aachen: Notruf und Beratung für vergewaltigte Frauen und Mädchen e.V., Mariabrunnstr. 35, Tel.: (0241) 344 11

8750 Aschaffenburg: »SEFRA« e.V., Selbsthilfe- und Beratungszentrum für Frauen, Bodelschwinghstr. 16, Tel.: (06021) 247 28

2960 Aurich: Berufsgruppe gegen sexuellen Kindesmißbrauch – Psychologische Beratungsstelle der Arbeiterwohlfahrt, Esenser Str. 2, Tel.: (04941) 651 12

6550 Bad Kreuznach: Ehe-, Familien und Lebensberatungsstelle des Bistums Trier, Salinenstr. 79, Tel.: (0671) 24 59

5060 Bergisch Gladbach: DKSB – Kreisverband Rhein. Berg. Kreis, Hauptstr. 310, Tel.: (02202) 399 24

1000 Berlin: »Wildwasser« e.V., Modellberatungsstelle, Mehringdamm 50, Berlin 61, Tel.: (030) 786 50 17
Autonomes Mädchenhaus, Gneisenaustr. 2a, Berlin 61, Tel.: (030) 792 04 88

4800 Bielefeld: »Wildwasser« e.V., Nordstr. 37, Bielefeld 1
Mädchenhaus e.V., Beratungsstelle, Bahnhofstr. 4, Tel.: (0521) 17 30 16

4630 Bochum: »Wildwasser« e.V. – Verein gegen sexuelle Gewalt an Mädchen und Frauen, Buscheyplatz 3, Tel.: (0234) 700 23 32

5300 Bonn: Notruf und Beratung für vergewaltigte Frauen und Mädchen – Frauen gegen Gewalt e.V., Berliner Platz 31, Bonn 1, Tel.: (0228) 63 55 24
Frauenberatungsstelle »TUBF« e.V., Dorotheenstr. 1-3, Tel.: (02228) 65 32 22

3300 Braunschweig: »Zerrspiegel«, Verein gegen sexuelle Gewalt an Mädchen und Frauen, Magnikirchstr. 4, Tel.: (0531) 433 02
Mädchenhaus e.V., Frauenverein zur Förderung feministischer Mädchenarbeit, Rosenstr. 6, Tel.: (0531) 33 02 77 / 722 14

2800 Bremen: »Schattenriß« e.V., Arbeitsgruppe gegen sexuellen Mißbrauch an Mädchen e.V., Bremerhavener Str. 90, Bremen 1, Tel.: (0421) 39 39 30
»Mädchenhaus« e.V., Dobbenweg 9, Tel.: (0421) 776 56

3100 Celle: »Brennessel« e.V. – Berufsgruppen gegen sexuelle Gewalt an Kinder, Grupenstr. 16, Tel.: 05141 / 12316

4420 Coesfeld: »Zartbitter« e.V., Frauen für Gewaltlosigkeit, Bernhard-von-Galen-Str. 10, Tel.: (02541) 832 52

6100 Darmstadt: »Wildwasser« e.V., Arbeitsgemeinschaft gegen sexuellen Mißbrauch an Mädchen und Frauen e.V., Ernst-Ludwig-Str. 9, Tel.: (06151) 288 71

2870 Delmenhorst: DKSB – Familienberatungsstelle, Nordwollestr. 10, Tel.: (04221) 189 34
4930 Detmold: »Alraune«, Treffpunkt-Beratung-Hilfe für Frauen und Kinder e.V., Freiligrathstr. 24, Tel.: (05231) 201 77
4600 Dortmund: »Wildwasser« e.V. – Verein gegen sexuelle Gewalt an Mädchen und Frauen e.V., Adlerstr. 81, Dortmund 1, Tel.: (0231) 14 88 77
4000 Düsseldorf: Treffpunkt und Beratung für Frauen in Not, Ackerstr. 144, Düsseldorf 1, Tel.: (0211) 68 68 54
»Mädchenhaus« e.V., Ackerstr. 144, Düsseldorf 1, Tel.: (0211) 68 68 54
8017 Ebersberg: »Frauen helfen Frauen« im Landkreis Ebersberg e.V. – Notruf für Frauen und Mädchen, Pernerstr. 9, Tel.: (08092) 220 70
4300 Essen: Verein zur Prävention von sexuellem Mißbrauch an Jungen und Mädchen, Heinrich-Strunk-Str. 18, Essen 1, Tel.: (0201) 62 15 76
Notruf und Beratung für vergewaltigte Frauen und Mädchen e.V., Waldhausenstr. 13, Essen 1, Tel.: (0201) 23 54 69
»Distel« e.V., Treffpunkt, Beratung, Hilfe für Frauen und Kinder, Julienstr., Tel.: (0201) 77 67 77
Stadt Essen, Jugendamt-Soziale Dienste, Kennedyplatz, Essen 1, Tel.: (0201) 88 26 44 / 88 44 98
6000 Frankfurt: »Wildwasser« im FFGZ Frankfurt e.V., Hamburger Allee 45, Frankfurt 90, Tel.: (069) 70 12 18
7800 Freiburg: »Wildwasser« Freiburg e.V., Arbeitsgemeinschaft gegen sexuellen Mißbrauch an Mädchen, Schwarzwaldstr. 107, Tel.: (0761) 333 39
»Wendepunkt« e.V., Kontakt- und Informationsstelle gegen sexuellen Mißbrauch an Mädchen und Jungen, Talstr. 21, Tel.: (0761) 722 00
7990 Friedrichshafen: Beratungsstelle für Frauen und Mädchen, »Frauen helfen Frauen« e.V., Postfach 1472, Tel.: (07541) 218 00
4650 Gelsenkirchen: Notruf für vergewaltigte und sexuell mißbrauchte Frauen und Mädchen e.V., Wiehagen 83, Tel.: (0209) 13 61 66
6300 Gießen: Frauen- und Mädchenberatung e.V., Weserstr. 5, Tel.: (0641) 344 30
3400 Göttingen: Frauen-Notruf, Hilfe für vergewaltigte und sexuell belästigte Mädchen und Frauen e.V., Postfach 1825, Tel.: (0551) 446 84
3380 Goslar: Referat für Gleichstellungsfragen – Frauenbüro, Landkreis Goslar, Klubgartenstr. 6, Tel.: (05321) 764 40
Hagen: »Wildwasser« e.V., Bahnhofstr. 41, Hagen 1, Tel.: (02331) 158 88

2000 Hamburg: »Zündfunke« e.V., Verein zur Prävention und Intervention zu sexuellem Mißbrauch an Kindern und Frauen, Beseler Str. 48, Hamburg 52, Tel.: (040) 890 12 15
Mädchenhaus – Schutz vor Gewalt, Feuerbergstr. 43, Hamburg 63, Tel.: (040) 63 20 02 65
»Dolle Deerns« e.V., Verein zur Förderung feministischer Mädchenarbeit, Juliusstr. 16/Lippmannstr. 16, Hamburg 50, Tel.: (040) 439 41 50
4700 Hamm: Frauenberatung e.V., Ostenwall 11, Tel.: (02381) 131 04
3000 Hannover: »Violetta« – Beratungsstelle gegen sexuellen Mißbrauch an Mädchen e.V., Marienstr. 30, Hannover 91, Tel.: (0511) 85 55 54
Beratungsstelle des DKSB, Badenstedtstr. 12, Hannover 91, Tel.: (0511) 45 45 25
6900 Heidelberg: Notruf – Frauen gegen Vergewaltigung e.V., Bunsenstr. 19, Tel.: (06221) 136 43
3200 Hildesheim: »Wildwasser« e.V., Annenstr. 23, Tel.: (05121) 377 87
7500 Karlsruhe: »Wildwasser« e.V. – Verein gegen sexuelle Gewalt an Mädchen, Kaiserstr. 209, Karlsruhe 1, Tel.: (0721) 253 75
3500 Kassel: Pro Familia, Kreisverein Kassel e.V., Frankfurter Str. 133a Tel.: (0561) 274 13
»Schwarze Winkel«, Autonomes Frauenhaus, Postfach 1011, Tel.: (0561) 89 88 89
2300 Kiel: Autonomes Mädchenhaus »LOTTA« e.V., Kaiserstr. 58, Kiel 14, Tel.: (0431) 73 37 75
Notruf und Beratung für vergewaltigte Frauen und Mädchen e.V., Knooper Weg 32 (Hofgebäude), Kiel 1, Tel.: (0431) 911 44
5400 Koblenz: Pro Familia, Hohenstaufenstr. 4, Tel.: (0261) 348 12
5000 Köln: »Zartbitter«, Stadtwaldgürtel 89, Köln 1, Tel.: (0221) 40 57 80
7750 Konstanz: »Frauen helfen Frauen in Not« e.V., Werner-Sombart Str. 29, Tel.: (07531) 679 99
4150 Krefeld: Frauenberatungsstelle e.V. – Notruf für vergewaltigte Frauen, Nordstr. 97, Tel.: (02151) 80 05 71
5910 Kreuztal: »IPAKE« e.V. – Für Mädchen in Not, Marburger Str. 13 Tel.: (02732) 41 33
2950 Leer: Arbeitskreis »Sexueller Mißbrauch von Kindern« – Evangelische Beratungsstelle für Erziehungs-, Ehe- und Lebensfragen, Friesenstr. 65b, Tel.: (0491) 60 98 30
5090 Leverkusen-Opladen: Notruf und Beratung für vergewaltigte Frauen und Mädchen e.V., Kölner Str. 85, Tel.: (02171) 277 73
6250 Limburg: »Gegen unseren Willen« – Notruf und Beratung für vergewaltigte Frauen und Mädchen, Schaumburgerstr. 3, Tel.: (06431) 240 50
7850 Lörrach: Beratungsstelle für vergewaltigte und sexuell mißbrauchte Frauen und Mädchen, Röntgenstr. 3, Tel.: (07621) 871 05

7140 Ludwigsburg: Notruf für vergewaltigte und mißhandelte Mädchen und Frauen e.V., Hahnenstr. 47, Tel.: (0741) 384 96
6700 Ludwigshafen: »Wildwasser« e.V., Rottstr. 79, Tel.: (0621) 56 57 21
6500 Mainz: Notruf und Beratung für vergewaltigte Frauen und Mädchen e.V., Goethestr. 38, Mainz 1, Tel.: (06131) 61 36 76
FemMa-Verein zur Förderung feministischer Mädchenarbeit e.V., Raimundistr. 2, Mainz 1, Tel.: (06131) 61 30 68
6800 Mannheim: Notruf und Beratung für sexuell mißhandelte Frauen und Mädchen e.V., Tel.: (0621) 100 33
3550 Marburg: »Wildwasser« e.V. – Arbeitsgemeinschaft gegen sexuellen Mißbrauch an Mädchen, Barfüßer Str. 30, Tel.: (06421) 144 66
4130 Moers: »Frauen helfen Frauen« e.V. – Beratungsstelle / Notruf für vergewaltigte und sexuell mißbrauchte Frauen und Mädchen, Uerdingerstr. 23, Moers 1, Tel.: (02841) 286 00
4400 Münster: DKSB – Anlaufstelle gegen sexuellen Mißbrauch an Kindern und Jugendlichen, Lüttke Gasse 21, Tel.: (0251) 471 80
»Zartbitter«, Rothenburg 35, Tel.: (0251) 584 19
8000 München: »I.M.M.A.« – Initiative Münchner Mädchenarbeit e.V., Westermühlstr. 22, München 5, Tel.: (089) 201 47 70
Zufluchtstelle der »I.M.M.A.« e.V., Tel.: (089) 18 36 09
Notruf und Beratung für vergewaltigte Frauen und Mädchen, Güllstr. 3, München 2, Tel.: (089) 76 37 37
3070 Nienburg: Notruf für vergewaltigte und mißhandelte Frauen und Mädchen, Grefengrund, Tel.: (05021) 611 63
8500 Nürnberg: »Wildwasser« e.V. – Beratungsstelle für sexuell mißbrauchte Mädchen und Frauen, Roritzerstr. 22, Tel.: (0911) 33 13 30
Notruf für vergewaltigte Frauen und Mädchen e.V., Dillherrstr. 5 Rgb, Nürnberg 80, Tel.: (0911) 28 44 00
Feministisches Frauen Gesundheitszentrum FFGZ e.V., Fürther Str. 154, Nürnberg 80, Tel.: (0911) 32 82 62
4200 Oberhausen: Notruf Susanne Beck, Stockmannstr. 30, Tel.: (0208) 80 58 47
2900 Oldenburg: Vertrauensstelle Benjamin, Friederikenstr. 3, Tel.: (0441) 177 88
4500 Osnabrück: Frauenberatungsstelle- »Frauen helfen Frauen« e.V., Kommenderiestr. 41, Tel.: (0541) 293 00
Agnes-Schoeller-Haus, Kinder- und Jugendwohnheim, Schölerbergstr. 25, Tel.: (0541) 525 33
Ärztliche Beratungsstelle gegen Vernachlässigung und Mißhandlung von Kindern, Große Gildwart 6-9, Tel.: (0541) 59 68 20
Jugendamt-Jugendschutz, Große Gildewart 6-9, Tel.: (0541) 323 34 22
4790 Paderborn: »Lilith«, Beratungsstelle für Frauen und Mädchen, Königstr. 64, Tel.: (05251) 213 11

3150 Peine: Beratungsstelle gegen sexuellen Mißbrauch von Mädchen und Frauen des Frauenhauses e.V., Schillerstr. 10, Tel.: (05171) 155 86
7980 Ravensburg: »Frauen helfen Frauen« e.V. – Notruf, Frauenstr. 1a, Tel.: (0751) 233 23
8400 Regensburg: Notruf und Beratung für vergewaltigte und belästigte Frauen und Mädchen e.V., Prüfeninger Str. 32, Tel.: (0941) 241 71
5630 Remscheid: »Frauen helfen Frauen« e.V., Neugasse 2, Remscheid 11, Tel.: (02191) 66 24 66
3320 Salzgitter: Beratungsstelle gegen sexuellen Mißbrauch, Am Schölkergraben 34, Tel.: (05341) 156 00
2380 Schleswig: Frauenzentrum – Beratungsstelle für mißhandelte und vergewaltigte Mädchen und Frauen, Lange Str., Tel.: (04621) 255 44
8720 Schweinfurt: Frauenhaus- »Frauen helfen Frauen« e.V., Postfach 1162, Tel.: (09721) 165 98
5650 Solingen: »Frauen helfen Frauen« e.V., Informations-, Koordinations- und Anlaufstelle gegen sexuellen Mißbrauch an Frauen und Kindern, Albrechtstr. 12, Tel.: (0212) 554 70
6720 Speyer: »Labyrinth« – Frauen-, Kultur- und Bildungsstätte im Frauen Notruf, Herdstr. 7, Tel.: (06232) 288 33
3060 Stadthagen: Anlauf- und Beratungsstelle zu sexuellem Mißbrauch/ Gewalt – Frauenzentrum e.V., Windmühlenstr. 31, Tel.: (05721) 910 48
7000 Stuttgart: »KOBRA« e.V., Hölderlinstr. 20, Tel.: (0711) 29 43 69 Mädchentreff, Hackstr. 2, Tel.: (0711) 28 45 98
7400 Tübingen: »TIMA« e.V., Tübinger Initiative Mädchenarbeit, Brunnenstr. 18, Tel.: (07071) 218 49
3110 Uelzen: Landkreis Uelzen – Jugendamt, Berufsgruppe »Sexueller Mißbrauch«, Veerßer Str. 56, Uelzen 1, Tel.: (0581) 822 29
6330 Wetzlar: Mädchen-Beratung, Kornmarkt 6, Tel.: (06441) 451 07
6200 Wiesbaden: »Wildwasser« e.V., Wallufer Str. 1, Tel.: (0611) 80 86 19 Verein zur Unterstützung von Mädchen in Not e.V., Winkeler Str. 7, Tel.: (0621) 44 29 34
3180 Wolfsburg: Berufsgruppe »Sexueller Mißbrauch« – Pro Familia, Stormhof 2, Wolfsburg 1, Tel.: (05361) 252 57
5600 Wuppertal: Frauen Beratung und Selbsthilfe e.V., Kieselstr. 41, Wuppertal 1, Tel.: (0202) 42 39 46
8700 Würzburg: »Wildwasser« e.V., Hofstr. 13, Tel.: (0931) 132 87

ZUM WEITERLESEN

H. Fehrmann/P. Weissmann, Und plötzlich willst Du mehr, München 1979, Weismann Verlag
C. Heimel, Sex Tips für Girls, Goldmann, München 1990
B. Vogt-Hägerbäumer, Ein bißchen schwanger gibt es nicht, Reinbek bei Hamburg 1982, Rowohlt Verlag
D. Moggach, Rot vor Scham – Geschichten einer zerstörten Unschuld, Reinbek bei Hamburg 1985, Rowohlt Verlag
A. Blume, Was noch vor der Liebe kommt – Empfängnisverhütung, Methoden, Erfahrungen, Entscheidungshilfen, München 1982, Mosaik Verlag
S. von Paczensky/R. Sarorzinski (Hg.), § 218: Zu Lasten der Frauen, Reinbek bei Hamburg 1990, Rowohlt Verlag
C. Reuße/M. Holler, Menstruation, Reinbek bei Hamburg 1988, Rowohlt Verlag

INHALTSVERZEICHNIS